W0356577

J E A N   R A N D I E R

DIE GROSSE ZEIT DER WINDJAMMER

E D I T I O N   M A R I T I M

Den großartigen Männern,
die mit dem Wind auf Blauwasserfahrt gingen.
Den Photographen,
die diese unvergleichlichen Bilddokumente schufen –
Momentaufnahmen einer vergangenen Epoche.

Impressum

Die Deutsche Bibliothek –
CIP-Einheitsaufnahme

Die große Zeit der Windjammer /
Jean Randier. [Übers.:
Christiane Hauert]. – Hamburg : Ed. Maritim, 1994
Einheitssacht. : Phares carrés <dt.>
ISBN 3-89225-286-6
NE : Randier, Jean; EST

© Editions Gallimard 1992, Paris
© für die deutsche Ausgabe
Edition Maritim, Hamburg

Übersetzung : Christiane Hauert, Hamburg
Fachliche Beratung : Hans-Rudolf Rösing, Kiel
Schutzumschlag : Buchholz/Hinsch/Hensinger, Hamburg
Satz : Utesch Satztechnik GmbH, Hamburg
Verarbeitung : Casterman, Tournai

ISBN 3-89225-286-6
Printed in Belgium 1994

Alle Rechte vorbehalten. Ohne ausdrückliche Erlaubnis des Verlages darf das Werk, auch nicht Teile daraus, weder reproduziert, übertragen noch kopiert werden, wie z. B. manuell oder mit Hilfe elektronischer und mechanischer Systeme einschließlich Fotokopieren, Bandaufzeichnung und Datenspeicherung.

INHALT

VORWORT

Vergangen sind die Zeiten und die Männer, die 1913 zu einer jener weltweiten Reisen von Europa zum Stillen Ozean an Bord gingen. Es waren die Zeiten, als man unter Segeln nach Valparaiso, nach Frisco oder Tacoma um Kap Hoorn aufbrach.

Alle rahgetakelten Schiffe und ihre Besatzungen waren in diesen Häfen, Wegekreuzen des Seeverkehrs, zu Hause. Unaufhörlich zogen sie auf gleichen Wegen ihre Bahn, kannten sie die auf ihnen liegenden Wendepunkte.

Vergeblich wird man nach den Schreibern der hier veröffentlichten Briefe und Erinnerungen Ausschau halten. Sie sprechen zu uns mit Worten, die nicht mehr die unseren sind, in einer Sprache, die von ihrem Beruf geprägt ist, der Sprache der Seeleute ihrer Zeit.

So wollen auch wir mit dieser Flotte den letzten Schlag segeln, auf eine Reise der Erinnerung gehen und uns dieser Pilgerfahrt auf blauen Tiefen anschließen.

Im Jahr der Rückkehr nach Europa, 1914, herrscht Krieg. Auch die See bleibt nicht verschont. Das Ende des Segelschiffs ist nicht mehr fern. Möge jene alte Seefahrt noch einmal aufleben, wenn wir in diesem Logbuch blättern!

„Segel setzen! – Alles ist bezahlt!“
Mit diesem Kommando ging es auf die Reise – segeln wir mit!

DER RUF

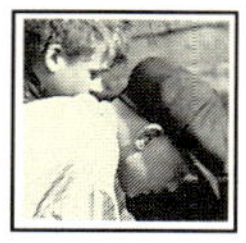

Wir wohnten in einer großen Hafenstadt im Norden. Ich war gerade elf Jahre alt geworden. Mein Vater war in seiner Jugend ein paarmal als Maschinist bei einer Fernostreederei gefahren, und er hatte schon, als ich noch in der Wiege lag, von seinen abenteuerlichen Erlebnissen erzählt. An den Wänden des Eßzimmers hingen seine aus Japan mitgebrachten Seidenmalereien von verschiedenen Schiffen, auf denen sich in der Phantasie von meiner Schwester und mir märchenhafte Geschichten abspielten.

Damals arbeitete mein Vater im Hafen. Hin und wieder nahm er mich mit, um mit mir gemeinsam das An- und Ablegen der Frachter zu beobachten. Er ließ sich über die Manöver aus, erklärte, was die Schallsignale der Schlepper, der Schiffe und der Lotsenboote bedeuteten, und brachte mir bei, die verschiedenen Nationalflaggen und die Signale des Semaphors an der Hafeneinfahrt zu unterscheiden.

Im Winter wurde es früh dunkel, und auf dem Heimweg von der Schule blieb ich oft länger am Hafen stehen und schaute aufs Wasser, gefangen

Unsere größte Freude war, dabei zu sein, wenn ein Schiff vom Stapel lief. Wir hatten gesehen, wie es vom Kiel bis hinauf zum Deck unter dem ohrenbetäubenden Dröhnen der Niethämmer höher und höher gewachsen war.

Der alte Siméon erzählte uns, daß es in Deutschland – er sagte „in Preußen“ – große Segelschiffe für die Ausbildung des Nachwuchses der Handelsmarine gebe, wie bei uns für die „Royale“, wie der französische Seemann die Kriegsmarine nennt. Das wäre was für uns gewesen!

Ben wurde von uns allen sehr bewundert. Er hatte eine Reise von neun Monaten gemacht.

Für die meisten von uns blieb eine Ausbildung auf der Seefahrtsschule und die Aussicht, später als Kapitän auf Große Fahrt zu gehen, ein Traum.

vom Tanz der Leuchtfeuer an der Küste, dem Funkeln der Leuchttonnen, von den beunruhigenden, schweigenden Bewegungen der großen grünen, roten und weißen Augen der Fahrtlichter aufkommender Schiffe – ein märchenhaftes Schauspiel von Lichtern, deren Bewegungen scheinbar kein Ende fand.

Vom Hafen her hörte man das Schnaufen der Maschinen, das helle Klingeln der Maschinentelegrafen, die tiefen und kurzen Kommandos der Kapitäne mit ihren Megaphonen, das Schlagen der Schrauben im aufgewühlten Wasser. All das bezauberte mich. Mit meinem Herzen war ich auf all diesen ein- und auslaufenden Schiffen, und wie viele meiner kleinen Kameraden hatte ich keinen sehnlicheren Wunsch, als später einmal Seemann

***Die GROSSHERZOGIN ELISABETH** war ein Segelschulschiff für deutsche Schiffsjungen. Dort lernten die Jungen Seemannschaft, und man brachte ihnen an einer Übungsrah wenige Meter über Deck bei, wie ein Segel festgemacht wird, bevor sie auf die Royalrah, 50 Meter über Deck, mußten.*

Nachts spannen wir in unseren Träumen die Geschichten weiter, die uns der alte Seemann erzählt hatte, und die dicken Brocken von Seen wurden zu Orkanseen, und wir sahen uns, auf die Fußpferde unter der Großrah gestemmt, über das Tuch auf der Rah gebeugt, das Segel bändigen.

zu werden und, wie mein Vater damals, in die entlegensten Ecken unserer Welt zu fahren.

Am meisten aber schwärmten wir von den Segelschiffen, den Großseglern mit den riesengroßen Rahen, die lautlos in den Hafen einliefen; die von einem Schlepper auf den Haken genommen wurden, während oben in den uns unglaublich hoch erscheinenden Masten die Matrosen noch die letzten Segel festmachten. Diese Segler, die man „Rahschiffe" nannte, waren für uns das Eindrucksvollste; sie gaben unseren Träumen Nahrung, auch wenn von ihren Rümpfen der Rost blätterte und die Segel grau und verspakt waren, so wie wir die rauhbeinigen Männer mit ihren wettergegerbten Seeräubergesichtern zugleich bewunderten und fürchteten.

Ich habe häufig versucht, mit den Jüngsten von ihnen, den Schiffsjungen, beim Landgang ins

Wenn die „Könige der See" von einer Reise kommend einliefen, waren wir stumm vor Ergriffenheit. Diese Schiffe zeigten die Spuren ihres Kampfes mit der See, ebenso wie die noch fahrenden Küstensegler am Kai, auf denen wir uns mit den verwirrenden Einzelheiten der Takelage vertraut machten.

Gespräch zu kommen, indem ich ihnen ein paar meiner Murmeln oder meine Mütze anbot. Einer von ihnen, ein Junge von etwa 13 Jahren, musterte mich von oben bis unten und entgegnete mir gehässig: „Geh' lieber zurück nach Hause zu deiner Mama und trink dort dein Fläschchen, du Dreikäsehoch!"

Der alte Siméon, der schon in Rente war und sich damals die Tage auf den Kais vertrieb, hatte sich darüber köstlich amüsiert. Er kannte meine Familie und lud mich, als er meine Enttäuschung sah, in

WILSONS'
SAW MILLS.

Stundenlang hockten wir an der Pierkante und redeten von den Wundern der Seefahrt.

sein „Museum“ ein. Siméon war ein alter Fahrensmann und als Bootsmann noch mit hölzernen Klippern bis nach Chile gesegelt, wobei er viele Male um Kap Hoorn ging. Er zeigte mir seine Seekiste, sein Seefahrtsbuch und seine Zeugnisse. Von dem einen oder anderen seiner Schiffe besaß er ein Buddelschiff. Ich blieb stundenlang bei ihm und lauschte seinen Geschichten von Stürmen, Schiffbrüchen, Kollisionen im Nebel und Geisterschiffen, die durch die Sargassosee irrten. Bei schönem Wetter saßen wir beide auf einem Poller am Kai, und er brachte mir viele Knoten bei, bis ich schließlich davon überzeugt war, genug zu wissen, um als Toppsgast auf einem Dreimaster anheuern zu können.

Die alten Blauwassersegler von damals priesen Nantes und den Quai de la Fosse: ein wahres Paradies für den Seemann, der gerade von einer Reise zurückkam.

Weit abgeschlagen allerdings von Hamburg mit seinem berühmten Rotlichtbezirk St. Pauli, wo sich die Heuer von acht Monaten in acht Tagen in Nichts auflöste.

Das Auge des Seemanns

UNKERQU

Nach Bordeaux hatte die französische Reederei Bordes ihren Sitz in Dünkirchen, wo die großen, bis zur Lademarke mit Salpeter beladenen Viermaster von Chile kommend einliefen.

Für die Takelage eines neuen rahgetakelten Dreimasters brauchte man keinen besonderen Entwurf. Man bestellte „ein Rigg mit allem, was dazu gehört". Jahrhundertealte Erfahrung genügte dem Kunden, und die Materialstärken wurden nach dem alten Grundsatz: „Zuviel schadet nie" festgelegt.

Besonders die Lotsen mußten gut geschnittene und getrimmte Segel haben, um ihren „Kunden" zu zeigen, daß sie ihr Geschäft verstanden.

In Dieppe standen die schwierigen Hafenmanöver bei den Seeleuten in hohem Ansehen, besonders die der großen Schiffe, wie der Champigny, *eines Viermasters vom Typ „lange Hütte und lange Back" von der französischen Überseereederei.*

Dem Segelschiffsmann reichte ein kurzer Blick und sein Urteil stand – über die Kameraden an Bord und über das Schiff. Wenn sie nicht gefielen, gab es keine Gnade, und die saftigsten Beinamen prasselten nur so: toter Ballast, kleines Mädchen, Pillendreher, Klomatrose, Schweinsfisch oder Landsoldat, je nachdem, ob der Betreffende an Land oder an Bord dumm aufgefallen war.

Und die Schiffe: alter Eimer, Seelenverkäufer, Holzpantine oder müder Kahn für schlechte Schiffe mit einer schlechten Mannschaft, die das Schiff nicht verstand und es nicht zum Laufen bringen konnte. Denn „alle Schiffe sind gut, aber die Menschen…", schrieb Joseph Conrad. Und für die Guten – mehr brauchte nicht gesagt zu werden – hieß es nur „fixer Kerl" für den handverlesenen Matrosen und „Großmast" (in Frankreich) für den Kapitän. Die wirklich guten Schiffe, das waren die Klipper, und die besten waren die der Reederei Bordes.

Die Männer, die auf diesen Schiffen gefahren waren, besaßen natürlich auch ihren Stolz. Hatten sie nicht beim Arbeiten an den Segeln lange Arme bekommen, sich nicht beim Konservieren des

Stapellauf der **Preussen** *der Reederei Laeisz, des einzigen Fünfmastvollschiffes der Welt, auf der Werft von Tecklenborg in Geestemünde 1902 gebaut. Nach dem Verlust der Fünfmastbark* **France I** *von Bordes im Jahre 1901 blieb die* **Potosi** *als letzte Fünfmastbark dieser Art übrig.*

Die P-Liner von Laeisz waren schon von weitem an ihrer weißen Ladelinie zu erkennen. Und die **Preussen** *insbesondere an ihrem fünften, vollgetakelten Mast.*

Geschirrs halb totgearbeitet, hatten sie nicht eine Lage Farbe über die andere auf die Platten gepönt, die nichts anderes konnten, als immer wieder zu rosten? Und darüber gab es bei den Schiffen von Bordes einiges zu sagen. Wenn sie neu waren, glänzten sie nur so, aber die Reederei hieß auch die „Reederei der Rostbüchsen"... Stets mußte man die Augen offen halten, sofort wissen, was zu tun war, die Lage im Fluge erfassen, an Land wie an Bord. Mit Argusaugen überwachte man die Wanten von den Spannschrauben bis hinauf zur Flechting, suchte man nach schamfilten Kleedings, nach einer angeknackten Webeleine, die bei der nächsten harten See brechen konnte. Und auf-

Ein Wald von Masten und Spieren, über 500 Meter laufendes Gut, dessen Bestimmung man schon beim Anfassen, bei Tag und bei Nacht, erkennen mußte, denn niemand konnte vom Deck aus ein Tau, das bis in 60 Meter Höhe reichte, verfolgen.

Aber die PREUSSEN *hatte die allerbesten Hilfsmittel: Braßwinschen und Fallwinden zum Heißen der Rahen. Sicherheit ist auf einem solchen Schiff von höchster Wichtigkeit.*

geplatzte Blöcke, von denen die Farbe abblätterte, machten sie unruhig; schlimmer noch waren die losen Enden vom laufenden Gut, die wie ein „Kuhschwanz“ herumflatterten.

„So war es bei der alten Marine“, sagten die guten Leute. „Die alte Marine“, sagte mein Bootsmann immer wieder, „die alte Marine, das war ein Haufen von Nichtsnutzen, die alte Marine, das war ein verfluchter Platz, das war Labsalben, Messing putzen und die neunschwänzige Katze, die nie lange an ihrem Nagel ausruhte und immer wach war.“
Ein guter Hafentrimm verlangte, daß sämtliche Rahen genau parallel standen und richtig vierkant gebraßt waren. Ein guter Erster Steuermann ließ Markierungen in die Brassen einspleißen, um den Punkt festzulegen, wo sie an den Koffeinägeln zu

Unweit der Hafenbecken, die den herrlichen Großseglern vorbehalten waren, zeigten die tüchtigen Küstensegler ein wahres Fest seltenster Takelagen, hier ein Schiff mit Spriettakelage.

Die ein- und auslaufenden Segelschiffe fanden zu jeder Tageszeit ihr Publikum.

In Hamburg wie in Chile machten die Schiffe an Duckdalben fest.

Die Viermastbark EMILE SIEGFRIED *war in den Häfen von Neukaledonien und in Le Havre kein unbekanntes Schiff.*

belegen waren. Der Trimm, auf der Nase oder im Gatt, sagte etwas über die Segeleigenschaften des Schiffes aus. All das und das Wetter sagte den Jungs von der Küste, daß ein Schiff am nächsten Tag mit der ersten Tide in See gehen würde.
Vater Courtois, so eine Art alter Neptun, war für uns in diesen Sachen so etwas wie ein Prophet. Alle wußten, daß er einmal sein Schiff gerettet hatte, als er vor der Brasilküste gegen den Befehl des Kapitäns die Obersegel weggenommen hatte, bevor eine unsichtbare weiße Bö über das Schiff herfiel. Wir waren erstaunt, daß die ganzen alten Haudegen mit ihren sechzig Jahren noch ohne Brille lesen und Buddelschiffe anfertigen konnten. Dieses Wunder war zweifellos auf ihre reinen Seelen zurückzuführen.

In Nantes wohnte man „in Pension". Unter den vielen lustigen und trinkfreudigen Gesellen traf man auf den einen oder anderen anständigen Kerl, auf den an Bord auch in harten Zeiten Verlaß war. Die Desperados der Meere, auf sich allein gestellt, vergessen von den Ihrigen – die Kameraden wurden zur Familie und das Schiff zu ihrem Zuhause.

Kaum war das Schiff festgemacht, schoß die Mannschaft an Land und überließ es den Taklern, die Segel von den Rahen abzuschlagen. Der Bootsmann blieb als einziger an Bord zurück.

Im Haus Nummer 86 des Quai de la Fosse befand sich die Werkstatt Blanchard, in der Blöcke und Beschläge hergestellt wurden. Hier deckte sich das ganze seefahrende Volk ein.

Es geht in See

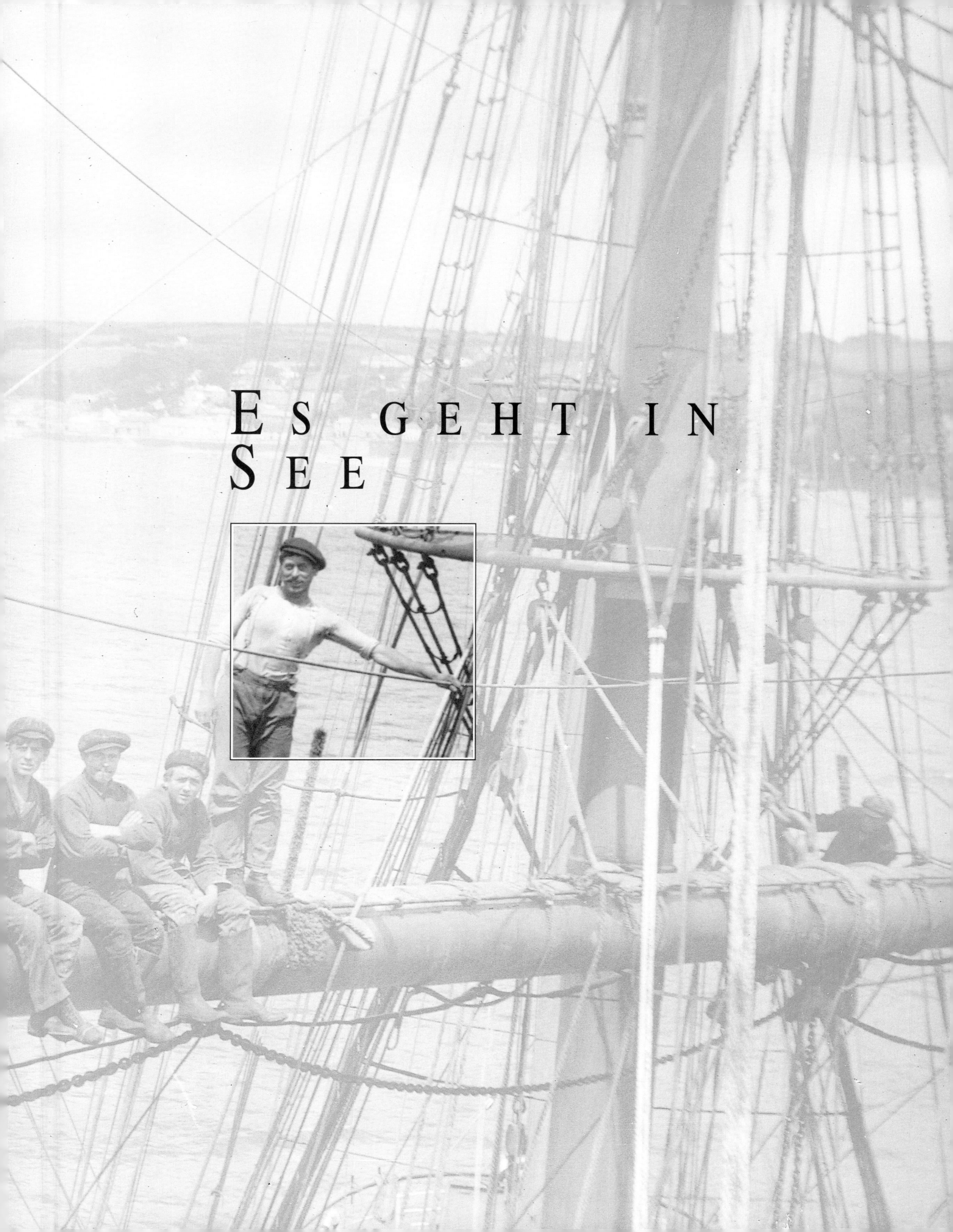

DAVID DANGERS
NANTES

Ein letztes Foto vor dem Auslaufen mit den Gästen des Kapitäns. Der Erste Offizier, dessen Aufgabe es ist, die Navigationsinstrumente zu warten, hatte gerade die frisch geölten und geeichten Barometer abgeholt.

Lieber Vater, ich schreibe Dir aus Cardiff über meine erste Reise als Offiziersanwärter. Seit Ankunft der Mannschaft vor vier Tagen sind wir dabei, die Segel anzuschlagen und uns für die ganze Reise zu verproviantieren. Wir haben fast ein ganzes Lagerhaus an Bord, stell' Dir das mal vor: 24 Fässer Wein für die Mannschaft, 2 Fässer guten Wein für die Offiziere, 40 Liter Schnaps, 12 Fässer Speck, 4 Fässer Fett, 1000 Kilogramm Hartbrot, 900 Kilogramm weiße Bohnen, 2000 Kilogramm Kartoffeln, 300 Kilogramm Kaffee, 6000 Eier. Außerdem lebende Tiere, unter anderem 8 kleine Schweine und 60 Hühner, für deren Fütterung ich als „Offizier der Hühnerkäfige" zuständig bin.

Und was ich noch vergessen habe: die 5000

In der Woche vor der Abreise sah man eine Menge unbekannter Leute an Bord, die mit Haufen von Papieren zum Ersten oder zum Kapitän kamen und um Unterschriften baten.
Es herrschte ein großes Durcheinander. Der „Alte" empfängt im Salon.

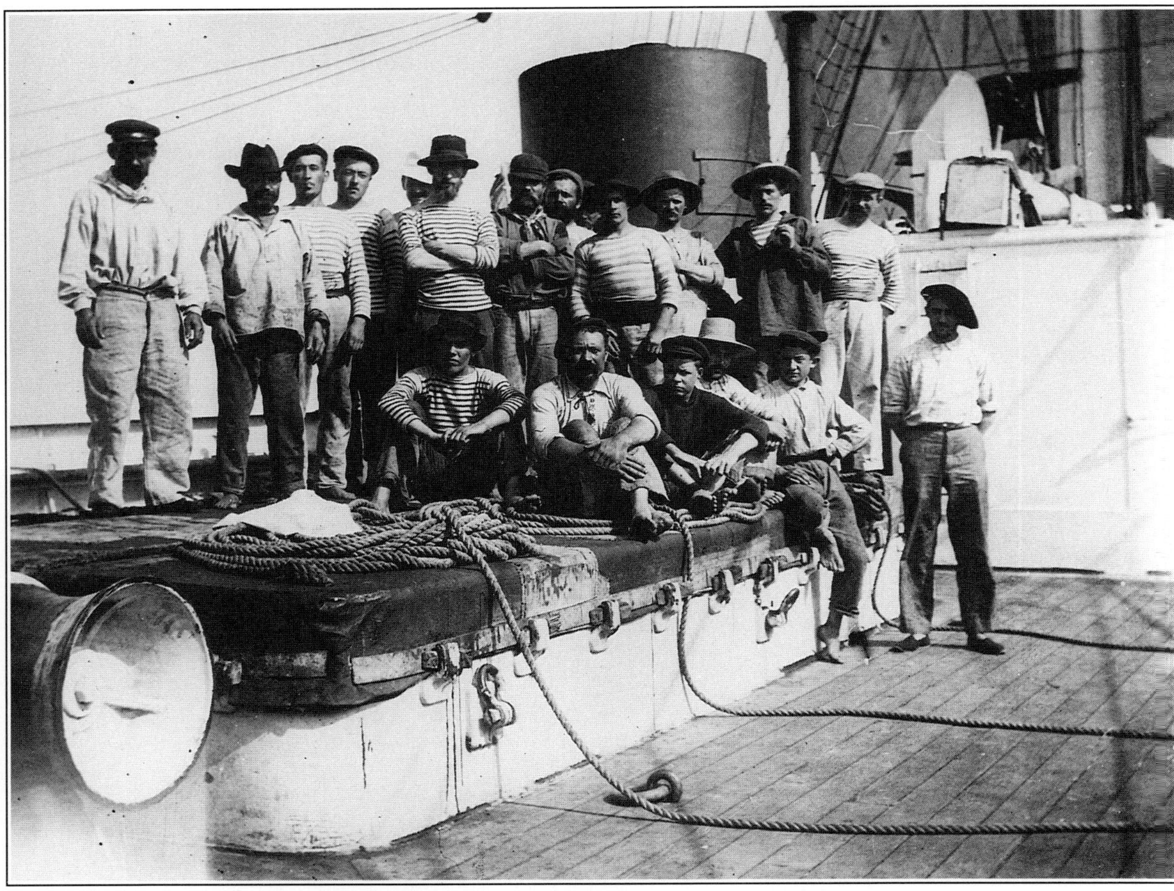

Eine Mannschaft setzt sich aus einer Handvoll Männern zusammen, die sich meist vom Hörensagen kennt. Sie sind sehr daran interessiert, gute Zeugnisse von den früheren Schiffen vorzuzeigen, um auch eine gute Heuer zu bekommen.

Die Fotografen in die Häfen machen oft auch die Aufnahmen von Hochzeiten, Taufen, Kommunionsfeiern und Schulklassen. Meistens kommen sie an Bord, doch alte Freunde lassen sich lieber im Studio vor einer bemalten Leinwand fotografieren.

Schnecken, auf die ich ebenfalls aufpassen muß. Ich bin mit meiner Seekiste und meinem Strohsack für drei Francs, einen mit Stroh gefüllten Bezug aus Segeltuch, an Bord gekommen. Die Reederei stellt kein Kojenzeug!

Wir sind gegen den Rest der Flut flußabwärts gegangen. Ich teile meine Wache mit dem Ersten Offizier, der Zweite Steuermann übernimmt die andere. Sobald wir in See waren, wurde die Mannschaft an Deck gerufen und in zwei gleich starke Wachen aufgeteilt. Unter den Leuten sind ein paar Ältere, die gut ihre 45 Jahre auf dem Buckel haben. Ich habe sie bei ihrer Arbeit in den Masten beobachtet, die kennen sich verdammt gut aus. Der Bootsmann tut, als hätte er das Sagen auf dem Schiff. Er kennt das Schiff wie seine Westentasche und genießt bei den Leuten ein hohes Ansehen.

Wenn man in Cardiff oder Swansea englische Kohle lädt, nimmt man nur ein Drittel der Gesamtladung als Ballast, hauptsächlich Sand aus dem Fluß oder Schüttsteine. In See wird der Schlepper erst losgeworfen, wenn man sicher ist, daß der Wind durchsteht.

Dieses Unglücksschiff ist beim Stapellauf auf der Seine in einer Bö gekentert, als es zum Übernehmen von Ballast ging. Man wird die Masten herausnehmen und das Schiff wieder aufrichten.

Nach zwei Monaten süßen Nichtstuns fällt es den Männern besonders schwer, wieder „am Tampen zu reißen“ und sich an die Arbeit an Bord zu gewöhnen. Aber die Mädchen und die Landhaie hatten sie gerupft, bis sie blank waren. An Bord hatten sie wieder eine Koje und zu essen. Dafür ließen sie die Maulsalven vom „Alten“ und vom Bootsmann über sich ergehen.

Seit Ouessant haben wir hohen Seegang gehabt, und ich habe ordentlich die Fische gefüttert. Der Rudergänger hat gegrüßt, besonders weil ich nach Luv gespuckt habe und alles an Deck gegangen ist und ich mit der Pütz hinterher mußte. Den Schweinen und den Hühnern scheint es bei dem Seegang besser als mir zu gehen. Die Nacht auf See war wunderschön. Man konnte die Feuer von Ouessant genau erkennen, und als es für einen Moment aufklarte, sah man die Leuchtfeuer an der englischen und die an unserer Küste.

Waren die Seeleute dort oben in den Masten noch Menschen oder schon Seevögel? Wer konnte das wissen? Aus der Höhe sah das Deck winzig aus, es war so weit weg, so klein, daß das normale Leben an Bord an Bedeutung verlor, wenn man auf der Royalrah stand. Dort sprach nur der Wind – geheimnisvoll und einzigartig.

Achterliche Winde während der Ruderwache und die Aufmerksamkeit für die Segel, die gut stehen mußten und nicht backschlagen durften, verdrängten alle bösen Erinnerungen an die Zeit an Land. Man ist jetzt wieder acht oder neun Monate lang unterwegs, man ist jetzt wieder voll im Bordleben.

Sobald sich eine Brise aufmachte, wurde der „Alte“ unruhig. Hier mal eine kleine Änderung an der Winsch, dort mal etwas an den Schoten ändern – so bringt man das Schiff zum Laufen.

In diesem auf Hochglanz polierten Heiligtum aus Mahagoni nahmen die Offiziere ihre Mahlzeiten ein. Der „Alte“ drängte darauf, sich nicht zu lange beim Essen aufzuhalten.

Reise, Reise, ihr faulen Säcke, Wachwechsel!“ So wurde man zur Wache geweckt. Doch vor der Arbeit gab es für jeden eine Muck voll Brühe – das sollte die Männer in Fahrt bringen.

N. E. R.

Die Kohle

Bis zur Lademarke mit Kohle abgeladen, liefen die Segler aus dem Kanal von Bristol. Wir trafen die **JACQUELINE** *der Reederei Bordes auf der Reise nach Chile. Sein Kapitän war ein Landsmann unseres „Alten". Sie preiten sich mit dem Megaphon an.*

Im Kanalausgang überraschten uns ein paar sehr unangenehme Böen, und wir mußten kreuzen, um zum Bristol-Kanal zu kommen. Aber nach Passieren der Scillies liefen wir raumschots auf Steuerbord-Bug mit etwa 9 Knoten nach Cardiff. Du siehst, daß ich mich in der geliebten Seemannssprache bereits auskenne. Ich habe meinen Brief dem Steuermann gezeigt, und er sagte mir, daß alles stimmt.

Ein Schiff unter vollen Segeln bietet einen herrlichen Anblick, wenn es das weiße, schäumende Kielwasser hinter sich läßt. Bei voller Fahrt haben

Sobald man den Ballast gelöscht hatte, verholte man zur Schütte, denn es galt, keine Zeit zu vertrödeln. Es kam vor, daß ein Schiff innerhalb von drei Tagen 3000 Tonnen Kohle an Bord nahm.

Die Schiffe wurden der Reihe nach abgefertigt. Wenn die **OCÉANA** *am Kai voll ist, geht die* **ADOLPHE** *unter die Schütte. Aber bei Bordes ist man vorsichtiger als auf der* **KURT**, *dem dritten Schiff, das zum Beladen dran ist. Mit nur wenig Ballast liegt es hoch aus dem Wasser und riskiert zu kentern, wenn der Wind auffrischt.*

Bei einem unerwartet heftigen Überholen des Schiffes rutschte die Kohlenschütte aus der Luke heraus und spie die Kohle zum Entsetzen des Bootsmanns auf das Deck. Man mußte sie mit einer Schaufel gleichmäßig bis unter die Decksbalken und in die obersten Ecken des Laderaumes verteilen. Vom Lukensüll aus trieb man Stahlrohre in die Kohle, um während der Reise die Temperatur dieser gefährlichen Fracht zu messen, die sich durch Reibung in Brand setzen konnte.

wir den Kurs von ein paar Frachtern auf dem Weg nach Chile gekreuzt. Unser Zweiter hat ihnen mit Flaggensignalen etwas mitgeteilt. Mit dem Doppelglas liest man die auf dem anderen Schiff gesetzten Flaggensignale ab und entziffert sie dann, indem man sie im Internationalen Signalbuch sucht. Der Zweite leistete seinen Militärdienst als Steuermannsmaat bei der Marine. Klar, daß er das gut hinkriegte.

Als wir in Cardiff einliefen, lagen viele Schiffe zum Laden und Löschen im Hafen, und es kam eine Barkasse, die uns anwies, auf der Reede vor

Tag und Nacht fuhren die Waggons unter dem Keuchen der Lokomotiven in einer endlosen, gleichförmigen Reihe in Richtung der Kohlenlager – eine schwarze Schlange, die direkt aus der Hölle der Minen zu kommen schien. Die Unterrahen sind hochgedumpt, um die Luken freizumachen, aus denen die Kippkübel mit dem Ballast nach oben kommen, die die Besatzung von Hand gefüllt hatte.

Barry Dock, Cardiff

Die englischen Seemannsheime boten den Blauwassermännern „Mönchszellen“ als Unterkunft an, ein großzügiges Angebot – aber was hielten die Sealords, die im Hafen „die Lose durchholen“ wollten, davon?

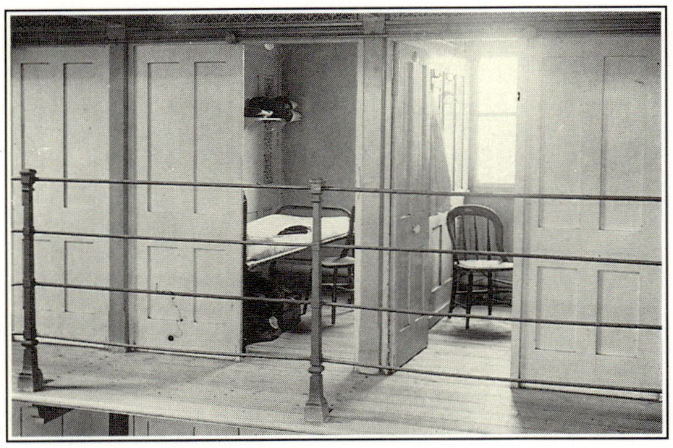

Anker zu gehen. Was für ein Land! Man lebt hier von Kohle umgeben, inmitten des Heidenlärms von Loren, Lokomotiven und Schütten, die man hier „spouts“ nennt. Bevor wir laden, muß der Ballast abgegeben werden. Alles an Bord ist schwarz von dem Staub. Selbst vor unserem Essen, unseren Tellern macht er nicht Halt. Und er bleibt, so sehr man sich auch wäscht, an unseren Körpern kleben. Ich hatte „Landgang“, wie man das nennt. Es gab nichts Besonderes zu sehen, und mein Englisch ist nicht gerade gut. Aber ich wunderte mich, daß sich unsere bretonischen Matrosen mit den Leuten hier fließend unterhalten können. Ich hatte gedacht, daß sie hier während der zahllosen Aufenthalte Englisch gelernt hätten, aber weit gefehlt! Ich ging dicht heran, um zuzuhören: Sie sprachen ganz ein-

Gewerkschaftliche Einrichtungen für See- und Feuerwehrleute, wo man sich beraten lassen konnte. Kriegs- wie Handelsmarine genossen in Großbritannien einen ausgezeichneten Ruf.

fach eine Art Gälisch! Bretonisch und Gälisch sind sich sehr ähnlich.

Du kannst Dir vorstellen, was da bei ihren Stoutparties in den Hafenkneipen los ist. Es geht ganz friedlich los, aber dann gibt es leider eine Prügelei zwischen den „Roastbeefs" und den „Frogs". So nennen sie uns, weil wir Frösche essen. Ich finde, daß die Walliser keine Kinder von Traurigkeit sind, aber unsere Jungs auch nicht! Das muß man gesehen haben, wie sie wieder an Bord kommen! Aber der Erste versteht da keinen Spaß, bei Arbeitsbeginn sind sie alle da. Unsere Matrosen wissen auch, daß sie im Ausland „die Fahne hochhalten" müssen; die Ehre der Flagge steht auf dem Spiel.

Gleichmütig warten die Norweger auf dem Dampfer Thule, bis sie an die Reihe kommen. Da die Luken schon geöffnet waren, durfte nun kein Regen mehr kommen, denn die Feuchtigkeit konnte eine Kohlenstaubexplosion auslösen. Die Männer, alle sind Segelschiffsleute, ließen uns von ihrem Aquavit kosten.

Wind von allen Seiten

Wenn alle Luken verschalkt sind, werden die Ladebäume abgetakelt, mit denen man die Boote eingesetzt hatte. Gleich nach Passieren der Insel Lundy haben die Schiffe manchmal das Glück, auf Wind zu treffen und segeln zu können. Aber die großen Schiffe von Bordes gehen bis zu den Scillies in Schlepp, um nicht Gefahr zu laufen, vom Wind auf Land's End gesetzt zu werden.

Seit 29 Tagen fahre ich nun als Zweiter Steuermann. Dieses Reisetagebuch hilft mir ein wenig über die Einsamkeit eines Offiziers auf einem Großsegler hinweg, die ich um so stärker empfinde, weil ich hier zwischen meinem Chef, dem Ersten Steuermann, und der Besatzung stehe, die fast alle mehr können als ich. Es sind durchweg anständige Typen, ein bißchen stur vielleicht – eben richtige Segelschiffsleute.

In Cardiff, unserem letzten Hafen, haben sie sich gewaltig die Nase begossen. Zwei Bobbies brachten die Leute an Bord zurück und präsentierten eine deftige Rechnung für das in der Kneipe zerschlagene Geschirr. Das Schiff zahlte. Die Summe wird ihnen später von der Heuer abgezogen.

Der Dritte besitzt kein Patent. Er ist ein sensibler, ernsthafter Bursche, der es in unserem rauhen Geschäft sicherlich nicht leicht haben wird. Er ist

Mittag. Auf allen Schiffen der Welt wird die Mittagsbreite genommen.

Die See ein Ölfleck – kein guter Anfang für eine 90-Tage-Reise. „Spitz den Mund, Seemann, und pfeife, so rufst du den Wind, aber wenn er da ist, darfst du nicht mehr pfeifen.“

Bei Backstagsbrise steht die Fock wunderbar, wenn das Großsegel aufgegeit wird.

eher ein Literat, ein Künstler – er spielt Geige. Aber er ist ein guter Kamerad, und seine naiven Fragen amüsieren mich.

Der „Alte“ ist von der Astronavigation richtig besessen, ganz anders als der Kapitän auf meinem ersten Schiff, der stets nach Sicht fuhr und den Sextanten im Kasten ließ. Bei der Ansteuerung der Antillen behauptete er, daß er die Nähe von Land spüren und an der Wasserfärbung erkennen könne. Bei unserem jetzigen Kapitän müssen wir alle herauskommen, um den Morgenstern, den Abendstern und die Mittagssonne zu schießen. Und natürlich ist die Beobachtung des „Alten“ die einzig richtige!

Das ist Jean François aus Nantes, oué, oué, oué, Seemann auf der FRINGANTE, *meine letzte Rettung ist Jean François! – „C'est Jean François de Nantes, oué, oué, oué! Gabier de la* FRINGANTE, *Ô mes boués Jean Françoué!“ Und im Rhythmus, auf jedes „oué“, wurde geholt.*

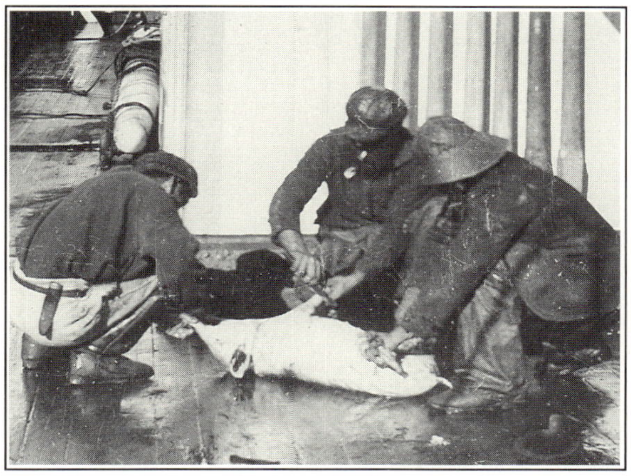

Wenn keine Fische gefangen wurden, mußte ein Ferkel dran glauben. Und dann ging es mit dem Besen hinter dem Schiffsjungen her, der das Deck glitschig gemacht hatte.

Die Matrosen nähten die Segel mit derselben freudigen Ausdauer, mit der junge Mädchen an ihrer Aussteuer arbeiten. Der einzige Unterschied: Aus den Mundwinkeln der Männer rann der Saft des Kautabaks, und lockere Reden würzten die Arbeit. Die Jungen übten sich mit der Haarschneidemaschine im „Schnitt à la Suppentasse“.

Manöver nötig sind, schlafen die Leute an Deck längs des Schanzkleides. Um nicht vom Mondlicht gestört zu werden, decken sie ihre Gesichter mit Fetzen aus Segeltuch zu und schnarchen deshalb wie die Bierkutscher. Es ist fast unmöglich, sie zur Wachablösung um vier Uhr zu wecken.

Der alte Maheu, ein wegen unmäßigen Alkoholgenusses degradierter Bootsmann, hat es mal wieder geschafft – keiner weiß, wie – kräftig einen zur Brust zu nehmen. Zur Strafe wurde er durch den Zweiten von drei Mahlzeiten ausgeschlossen. Drei Tage kein Rotwein! Doch man weiß sich zu helfen. Man füllt etwas Wasser in die Kanne, das fällt nicht weiter auf, und jeder bekommt seinen Teil.

Ein paar Matrosen haben angefangen, Buddelschiffe zu bauen. Es ist unglaublich, daß diese groben Hände derart feine Modelle fertigen können.

Jeder bekam pro Woche eine Pütz voll Süßwasser und stieg ansonsten vielleicht in eine Balje mit Seewasser. Besser war es in den Kalmen, wo man sich unter den Regengüssen abschrubben konnte.

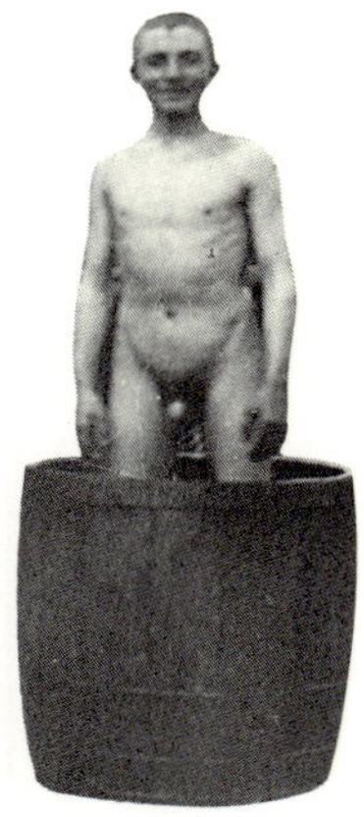

Nach getaner Arbeit packte Jégu sein Schifferklavier aus und spielte uns ein trauriges Lied aus der Heimat, dessen Melodie bis auf die Hütte schallte. Dann fing selbst der wachhabende Offizier an zu träumen.

ÄQUATORTAUFE

Auf den ersten Albatros treffen wir auf 30° südlicher Breite. Wir segeln schon im Gebiet von starken Winden und haben die Schwerwettersegel untergeschlagen. Das abgenutzte Tuch der Passatsegel ist fast am Ende, und die Reise wird nicht lange genug dauern, um ein ganzes Stell neuer Segel zuzuschneiden und zu nähen.

Meine liebe Louise, wir gehen bald um Kap Hoorn, und ich weiß, daß ich bis Valparaiso keine Zeit finden werde, Dir zu schreiben. So nutze ich die jetzige Flaute, um diesen kleinen Brief zu verfassen, den ich, sobald wir im Hafen sind, in den nächsten Briefkasten werfe. Dies ist meine zweite Reise als Erster Offizier mit demselben Kapitän. Er läßt mich gewähren, und da ich einen guten Bootsmann habe, läuft alles gut.

Hast Du die Gartenmauer reparieren lassen? Du weißt, daß wir einen Festpreis ausgehandelt hatten! Ich denke häufig an Eugène und daß er gerade in die Vorschule gekommen ist. Was macht Léontine? Die Pullover, die Du mir für diese Reise gestrickt hast, sind hervorragend.

Endlich sind wir aus den Kalmen heraus. Stell' Dir vor: Die Matrosen duschen an Deck im Adams-

Wir trafen die C. B. PEDERSEN *mit ihren eigenartigen, auf eine Schot genommenen Untersegeln. Außer der normal gefahrenen Fock lassen sich alle anderen Segel mit weniger Arbeit brassen, und bei achterlichem Wind macht es nichts aus, wenn die achteren Segel zusammengeholt sind.*

***D**er „Alte" wollte, daß wir das gute Wetter zum Segelnähen ausnutzen. Die Sonne knallt gnadenlos auf die Hütte, für den Rudergänger hat man einen Sonnenschutz aufgestellt.*
Der Teer in den Decksnähten schmilzt, und die Wäsche an der über dem Besanbaum ausgeholten Wäschejolle ist im Nu trocken.

kostüm in einem sintflutartigen Regen. Morgen werden wir über die Linie gehen. Ich habe den Leuten für die Vorbereitung der Äquatortaufe ein paar Arbeitserleichterungen gegeben. Diesmal werden acht Mann getauft: vier Matrosen, die bisher erst bis zu den Antillen gekommen sind und nicht über die Linie, und dann der Zweite, der Moses, ein Jungmann und der Koch.
Ich habe Dir ja schon erzählt, wie so eine Taufe vonstatten geht. Neptun, der Vater der Linie, mit einem langen weißen Bart, seine Frau Thetis und der Pastor führen den Vorsitz. Dann sind da noch der Lotse mit einem riesig großen Sextanten aus Holz, der den Augenblick des Überlaufens der Linie feststellt, der Barbier, die Teufel und die Schergen Neptuns, die die Leute „vorführen". Man beschmiert die Täuflinge mit einer schauderhaften Mixtur, gibt ihnen eine scheußliche Arznei zu trin-

***A**uf dieser Reise war die Frau des Kapitäns nicht dabei. So konnten sich die Männer nackt an Deck waschen.*

***D**as Deck ist aufgegangen. Man benutzt die Gelegenheit, es vor dem Regen, dem Sprühwasser und den überkommenden Seen zu kalfaten.*

***V**on morgens bis abends hörte man das Klopfen der Kalfathämmer.*
Die Männer malen, doch sie müssen sich beeilen, weil die Gluthitze überraschend gekommen ist.

Kaum zwei Knoten. Am Abend wird es zum Glück ein wenig kühler. Die Jungen knobeln mit Würfeln.
Am Donnerstag gab es eine halbe Pütz Süßwasser pro Nase zum Waschen.
Alles ist so trocken, daß es beim kleinsten Funken sofort in Flammen stehen würde.
Die geklinkerten Rettungsboote haben daumendicke Risse. Auf einigen Schiffen schleppte man die Boote bei leichtem Wind hinterher, damit sie dichtquellen.

Auf den Schiffen gab es immer jemanden, der geschickt mit der Harpune umgehen konnte und damit kleine Tümmler fing. Das Fleisch schmeckte nicht besonders gut, doch war es immerhin eine Abwechslung zu dem ewigen Pökelfleisch mit weißen Bohnen. Einige Männer klagen bereits über aufgequollenens Zahnfleisch – die ersten Anzeichen von Skorbut!

ken und wirft sie mit dem Kopf voran in eine Segeltuchbalje voll Seewasser. Der „Alte“ ist mit dieser Zeremonie einverstanden. Er wird Aufnahmen machen und Kaffee mit Schnaps „verdünnt“ sowie Zigarren anbieten.

Über meinem Schreibtisch habe ich ein Foto der Kinder und das von unserer Hochzeit hängen. Für melancholische Stunden... Aber ich bin ja in sechs Monaten wieder zurück. Ich frage mich manchmal, ob ich nicht versuchen soll, mich als Lotse zu bewerben. Es sei denn, die Reederei gibt mir ein Schiff. Aber in zwei, drei Jahren will ich an Land bleiben und mehr bei Euch sein.

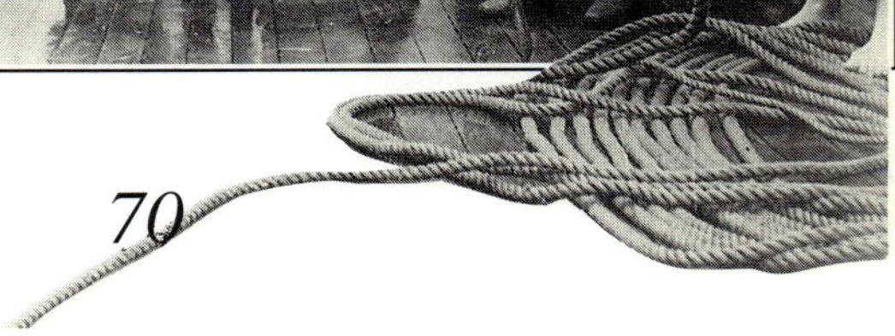

Die Angler am Heck lauerten auf kleinere und schmackhaftere Beute. Kleine Klappern an ihren Leinen meldeten, wenn ein Fisch angebissen hatte. Haie dagegen angelte man mit Speck an riesigen Angelhaken und einem Ende Kette. Die alten, ewigen Feinde der Seeleute schienen ein besonderes Faible für Patentloggen zu haben – zumindest fand man solche, und angeblich auch Kapitänsmützen, in ihren Mägen wieder. Im Augenblick herrscht gute Laune. Um sich ein bißchen Bewegung zu schaffen, tanzten die Männer unter sich – wie bei der Marine.

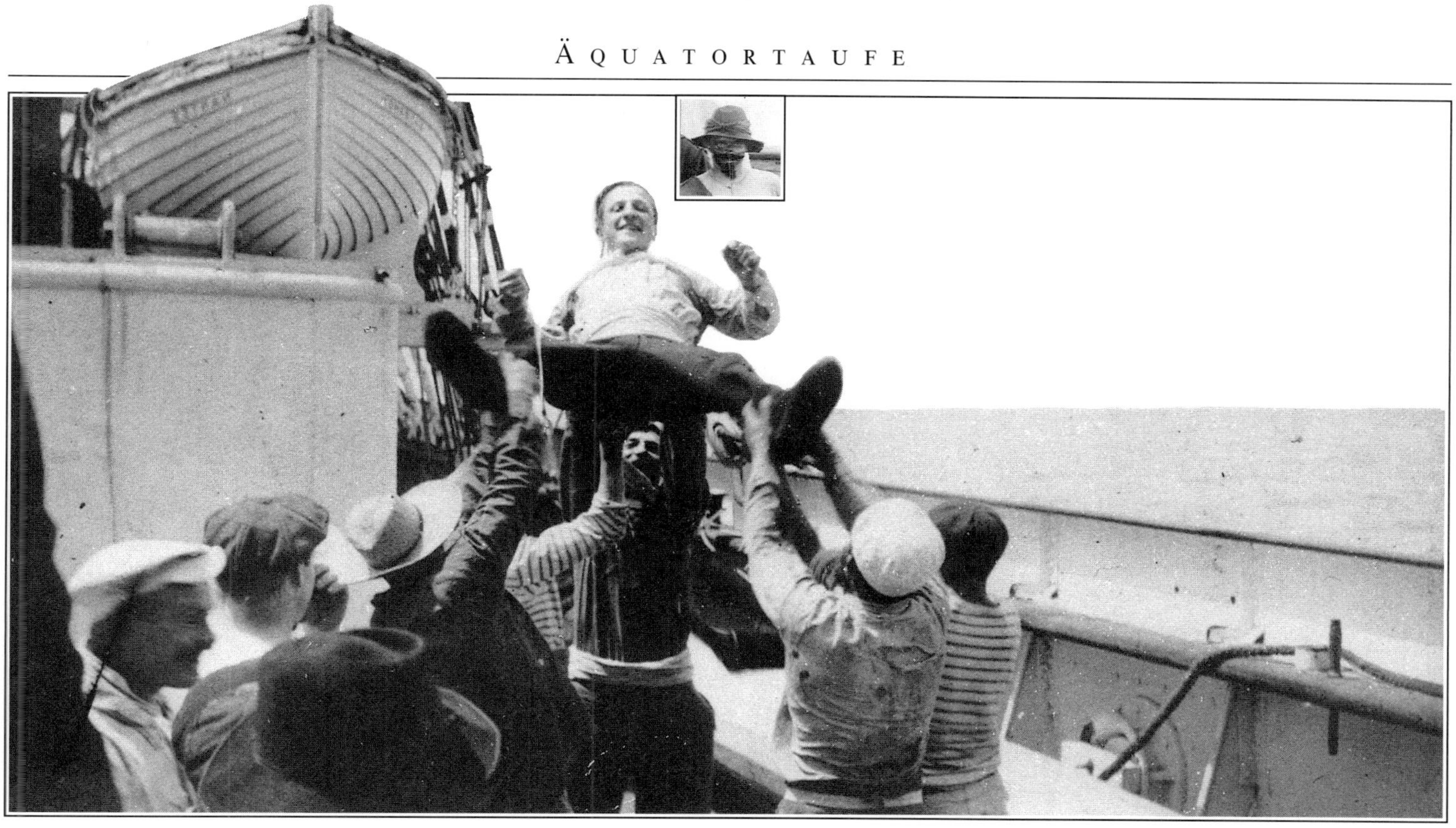

Die letzten schönen Tage. Der Wind frischt auf, und die See wird rauher. Die Äquatortaufe scheint ewig her zu sein, man lacht noch darüber, wie der Barbier die Vollmondgesichter der Täuflinge liebevoll traktierte. Tag für Tag entern die Toppsgäste, den Takelbeutel aus Segeltuch am Gürtel, in ihren Mast, und sehen jeden Takling, jedes Bändsel gründlich durch. Die Veteranen vom Cape Stiff zeigen den Jungen, worauf sie achten müssen.

Jahrzehntelang ein Muß auf allen englischen Segelschiffen: Zitronensaft gegen Skorbut. Sonntags dann allgemeine Belustigung beim Sackhüpfen. In zwei Wochen wird das Deck unter Wasser stehen.

Kap Hoorn

Wir stehen jetzt südlich der Falklandinseln. Vor uns liegt Kap Hoorn. Wir können entweder durch die Le Maire-Straße gehen oder östlich der Staateninsel bleiben. Die steile See, zehn bis zwanzig Meter hoch und mit einem Wellenabstand von 300 Metern, überflutet die Großsegler mit ihren 3000 Tonnen Ladung und nur einem Meter Freibord. Der stürmische Wind, die aufgewühlte See, das Treibeis, der Nebel und die Gefahr einer Kollision mit Schiffen, die vor dem Wind auf Gegenkurs lau-

Um das Schiff zu retten, mußte man die Segel opfern. Wurden die Fallen und Schoten gekappt oder gefiert, zerriß das Tuch sofort in Fetzen. Auf diese Weise entlastet, richtete sich das Schiff wieder einigermaßen auf und ging vor den Wind.

Die Luvbrassen waren gebrochen, und die Rahen schlugen wild hin und her und drohten, die Pardunen loszureißen. Vor Topp und Takel lenzend, war das Schiff zu langsam, um vor den nachfolgenden Seen wegzulaufen, die es von achtern nach vorn überliefen.

fen, aber auch Flauten, in denen die Schiffe manövrierunfähig liegen, machen dieses Seegebiet für die Rahsegler unerhört schwierig.

Gegen die aus westlichen Richtungen wehenden Starkwinde und den nach Osten setzenden Strom, der das durch Kreuzen Gewonnene wieder zunichte macht, kommen sie kaum voran. Um nach Westen um das Kap zu kommen, machen sie Schläge zwischen dem Festland im Norden und der Eisgrenze im Süden. Von den gewaltigen Seen werden die Schiffe manchmal förmlich festgenagelt, das Wasser rauscht über die Decks, fegt über die Hütte, überflutet das Hauptdeck mit Tonnen von grünem Wasser, das zwischen den Verschan-

Um halb neun kam eine böse Bö auf. Der Wachhabende rief beide Wachen an Deck, um die Oberbramsegel zu bergen. Bevor der Befehl ausgeführt werden konnte, fiel die Bö ein, und das Schiff drehte trotz Hartruder gegenan in den Wind und legte sich nach Steuerbord bis zur Reling über; die Boote auf der Leeseite schwammen auf ihrer Barring auf.

Erst bei Hellwerden war der Schaden zu übersehen. Mit der Steuerbordseite noch im Wasser liegend, die Logis abgesoffen, war das Schiff nur halb manövrierfähig. Den ganzen Tag über, ohne einen Augenblick Ruhe, ohne Essen, mußte gearbeitet werden, um die Rahen und das Gewirr von Trümmern unter Kontrolle zu bekommen. Es wurde Nacht, ohne daß die erhoffte Wetterbesserung eintrat.

Mehr als 45 Tage lang kam eine Bö nach der anderen. Wegen der brutalen Hagelschauer konnten wir nur wenig Tuch tragen. Eine hohe, durcheinanderlaufende See beanspruchte das Schiff in allen seinen Teilen. Zwischen 58° und 60° Südbreite herrschte fast ewige Nacht.
Eine beißende Kälte von minus 17°C lähmte die Männer in ihrem schweren Ölzeug und den Seestiefeln.

Nach einer eisigen Nacht verzweifelter Arbeit auf dem halb manövrierunfähigen Schiff, quer in einer furchtbaren See liegend, sahen die Männer, erschöpft, starr vor Kälte und mit blutenden Händen, einen trüben und fahlen Morgen heraufdämmern, der ihnen etwas Erleichterung versprach. Sobald es möglich war, erwies man dem Unglücklichen, der in der Nacht zuvor von oben gekommen und tödlich verunglückt war, die letzte Ehre und ging dann wieder verbissen an die Arbeit; entkräftet von den Anstrengungen der letzten Nacht, konnten sie kaum etwas essen, und sie arbeiteten ohne Pause, weil sie wußten, daß es um Leben oder Tod ging.

Bei einem gewaltigen Überholen des Schiffes brach die Großbramstenge nach einem Bruch des Eselhauptes der Marsstenge. Bei ihrem Fall verbog die Bramstenge die Großobermarsrah. Drei Tage lang mußte das Schiff beigedreht liegen, um die beschädigten Teile aufzuklaren und festzuzurren.
Das Wasser stieg unaufhaltsam, so daß der Kapitän an ein Ablaufen nach Montevideo zur Reparatur dachte.

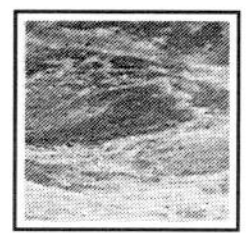

Eine riesige See hatte das Schiff überrollt, fünf Männer verletzt und einen über Bord gespült. Wie durch ein Wunder wurde er durch eine See wieder an Deck gespült.

zungen von einer Seite zur anderen rollt und nur langsam abläuft.

Wenn die Böen kommen, müssen die Segel aufgegeit und festgemacht werden, um gleich wieder gesetzt zu werden, wenn es handiger wird. Das Runden des Kaps fordert manchmal Übermenschliches. Diese Leute verdienen die Ehre, die Vater Neptun ihnen erweist, wenn er ihnen erlaubt, nach Luv zu spucken.

Unter den andauernden harten Stößen fing das Schiff an, Wasser zu machen. Es mußte ununterbrochen gelenzt werden. Dabei brach die Welle der Lenzpumpe, und nun mußten die Seeleute in der Segellast eine Kette bilden und das Wasser unter großen Schwierigkeiten nach oben pützen.

Alle Versuche, das Schiff manövrierfähig zu machen, schlugen fehl. Es blieb quer zu einer enorm hohen See liegen, und es bestand die Gefahr, daß die Masten übergehen würden. Von ständigen Starkwinden nach Osten versetzt, fand es sich nach 13 harten Tagen wieder auf der Länge von Kap Hoorn. Am 26. August sichteten sie ein englisches Vollschiff auf der Heimreise von Chile nach England. Der englische Kapitän konnte bei einem vorübergehenden Nachlassen des Windes mit einem bemerkenswert gekonnten Manöver die gesamte Besatzung übernehmen.

Vor Verlassen des Schiffes ließ der Kapitän, der als letzter von Bord ging, die Ladeluken öffnen, die Zuleitung zur Deckwaschpumpe durchtrennen und die Zugangstüren unter die Hütte öffnen, um ein schnelles Sinken des Schiffes sicherzustellen.

VALPARAISO

Der Landfall bei Valparaiso ist jedesmal eine heikle Angelegenheit, denn außer dem im Hinterland liegenden, knapp 7000 Meter hohen Aconcagua gibt es keine Landmarke. Man versucht, Point Curaumilla mit

dem Glas auszumachen und hält unter kleinen Segeln nach Norden, immer auf der Hut, nicht vom Humboldtstrom zu weit nach Norden mitgenommen zu werden, was tagelanges Zurückkreuzen bedeuten würde, um wieder auf die richtige Breite zu gelangen. Normalerweise bekommen die Schiffe von der Signalstation des Hafens die Order für einen Salpeterhafen.

Liebe Marthe, es ist mal wieder geschafft! Wir sind rum ums Kap und haben es mit seinem ganzen Elend erlebt. 88 Tage hat es gedauert, es war meine dritte Reise als Kapitän mit Patent. Leider haben wir einen Mann verloren. Das Schiff ist gut, die Mannschaft gar nicht schlecht. Du weißt, daß das nicht immer so ist, und gerade heutzutage muß man damit fertig werden. Man macht Politik an Bord, und immer ist da so ein Seeadvokat, der aus allem eine Geschichte macht. Der Erste Steuermann, den Du bei der Abreise kennengelernt hast, ist jung, aber er hat Autorität und besitzt mein volles Vertrauen.

Nach Valparaiso gehen wir nur „for order“, aber wir nehmen 400 Tonnen Maschinen als Decksladung für Iquique, wo wir zwei Drittel der Kohle löschen – der Rest geht nach Portland. Ich habe

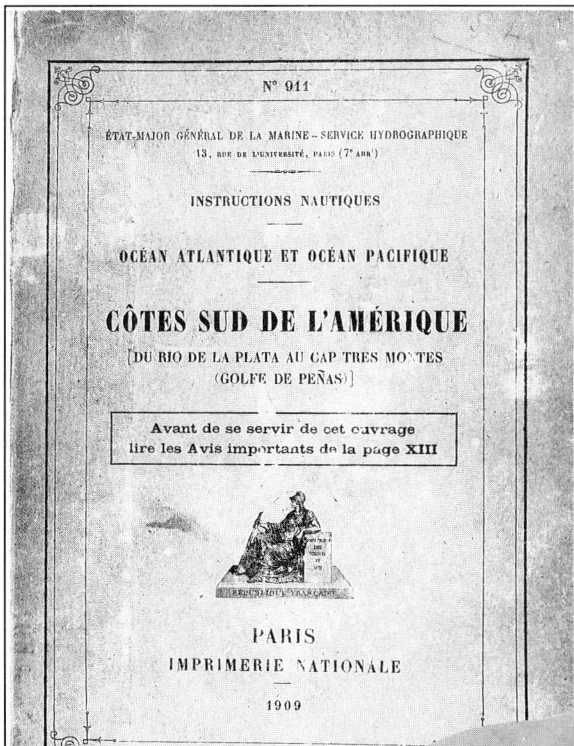

N° 911

ÉTAT-MAJOR GÉNÉRAL DE LA MARINE – SERVICE HYDROGRAPHIQUE
13, RUE DE L'UNIVERSITÉ, PARIS (7e ARR^t)

INSTRUCTIONS NAUTIQUES

OCÉAN ATLANTIQUE ET OCÉAN PACIFIQUE

CÔTES SUD DE L'AMÉRIQUE

[DU RIO DE LA PLATA AU CAP TRES MONTES (GOLFE DE PEÑAS)]

Avant de se servir de cet ouvrage
lire les Avis importants de la page XIII

PARIS
IMPRIMERIE NATIONALE
1909

Hier fallen die Berghänge steil ins Meer ab. Der Tag beginnt erst spät, wenn die Sonne die Höhe der Cordilleren erreicht hat.
Die Ladung wird von kleinen, offenen Leichtern, den „Lanchas", längsseit gebracht.

Im Morgengrauen des Tages nach dem Eintreffen beginnt das Löschen der Kohle. Die besseren Schiffe haben Dampfwinden, die weniger guten riggen handbetriebene Winden auf, um die 100-Kilo-Körbe zu heben.
Die Schiffsbesatzung füllt und hievt die Körbe.

hier vier Kapitäne aus Frankreich und ein paar chilenische Freunde wiedergetroffen.
Valparaiso, das „Tal des Paradieses", ist trotz der Hitze ein wunderbar erholsamer Hafen, bis man dann weiter nach Norden muß. Wir liegen nicht weit von der Mole auf Reede. Ich bin jeden Morgen schon früh beim Makler, um unsere Salpeter-Ladung festzumachen. Ich schlafe lieber nicht an Land. Man spricht noch heute von dem Sturm 1903 und dem Untergang der FOYLEDALE.
Unsere Reeder unterrichteten mich vom Bau von zwei Segelschiffen, größer als das unsrige. Sie schlugen mir vor, eines davon zu übernehmen. Ich wünschte, Du könntest die Kinder irgendwo unterbringen, um mich auf der Jungfernreise zu begleiten. Oder wir nehmen sie einfach mit.

Valparaiso ist bald vergessen. Die Mannschaft mußte „Landgang mit dem Opernkieker“ machen. So blieben die einzigen Kontakte auf den Besuch der „Aduanero“, des Zollbeamten, und einige wenige Spaziergänger auf der Mole beschränkt, mit denen die Männer ein ein paar Worte wechselten.

In der Bucht lagen fast ebensoviele Dampfer wie Segelschiffe. Die meisten waren englischer und deutscher Nationalität.

Ein Andenken an den Aufenthalt.
Links im Bild unser Agent, der Konsul und der Schiffsausrüster mit ihren Ehefrauen.
Rechts die Kapitäne der französischen Schiffe, die gerade in der Bucht lagen, und Doktor Hirschen vom Gesundheitsdienst.
Im Hintergrund die Mannschaft. Ihren Mienen nach ist Cape Stiff bereits vergessen.

HELADOS

Valparaiso.
Der öffentliche Park erschien uns nach drei Monaten auf See wie eine grüne Oase der Ruhe.

Hinten in der Bucht lag die große POTOSI, *ein Fünfmaster der Reederei Laeisz mit der unverwechselbaren weißen Wasserlinie.*

Wir nutzten die sonntägliche Ruhe, um dem Bordalltag zu entfliehen und mit ein paar Kollegen am Ufer zu picknicken.

Ich habe ein paar wunderbare spanische Fächer und chilenische Puppen für die Kinder gekauft. Ich gebe sie einem Kollegen mit, der direkt nach Nantes zurücksegelt. Das ist das Beste, denn von der chilenischen Post weiß man nicht nur Gutes zu berichten. Und noch eine gute Neuigkeit: Die Frachtrate sowie die Prämie für eine möglichst schnelle Reise wurden erhöht.

Das Barometer wird zum Eichen gebracht.

Die **POTOSI** *zieht draußen auf dem Wege nach Oregon vorbei, wohin wir in drei Wochen laufen werden.*
Ein mit Kohle beladener englischer Viermaster steht in Flammen, nachts ein eindrucksvolles Schauspiel. Man hört das Knacken der Rumpfplatten, bald werden die Nieten springen, und das Schiff wird sinken.

Man erzählte uns von dem englischen Vollschiff **ARDENCLUTHA**, *das im April 1895 vor Iquique auf Grund lief. Der Schlepper* **COVANCHA**, *der als „Wachhund" auf der Reede lag, konnte es aus seiner schlimmen Lage nicht herausholen.*

STOVES

FRISCO

Salmon. SAN FRANCISCO. Cal

Mein lieber Vetter, aus den geplanten drei Wochen auf der Reede vor Iquique sind 37 Tage geworden. Man mußte die Mannschaft wie in einem Käfig an Bord halten. Auf dem Ankerplatz machte sie die Nähe des Landes verrückt. Hin und wieder konnten ein paar Flaschen „pisco" an Bord geschmuggelt werden, weil die Zöllner schliefen oder vielleicht weil sie bestochen wurden. Einige gingen sogar soweit, die Flaschen zu verkaufen.
Zwei junge Matrosen sind ohne Erlaubnis von den Verkehrsbooten an Land mitgenommen worden. Die Polizei hat sie, weil sie keine Papiere hatten, aufgegriffen und unter faulen Vorwänden in die

Auf der Pier treffen wir einen alten kanadischen Lotsen, der uns von Amerika vorschwärmt, dem Land, in dem man große Ideen verwirkliche, man sich rühre und reise. Sicher war er es, der einen unserer Matrosen auf den Gedanken brachte, mit seiner Seekiste zu verschwinden.

Raddampfer, wie sie auf dem Mississippi verkehren, in der Bucht als Personenfähren. Die hölzernen Piere sind auf Pfählen gegründet. Im Hafen liegen alte Segelschiffe mit kupferbeschlagenen Rümpfen, die mit ihren fregattenähnlichen Formen aussehen wie Überlebende der Seeschlachten von Trafalgar oder Abukir. Die Bayonne bekam bei ihrem Aufenthalt im Hafen inmitten der Lachsfässer einen neuen Anstrich.

„Kalabasse“, wie sie hier das Gefängnis nennen, eingesperrt und ihnen eine Geldstrafe aufgebrummt. Der Kapitän wollte ein Exempel statuieren, sperrte sie bis zur Weiterreise ein und zog das Geld von ihrer Heuer ab. Die Stimmung an Bord kannst Du Dir vorstellen. Eine Abordnung der Besatzung bat den Kapitän, seine Entscheidung zu überdenken. Aber der „Alte“ blieb hart.
Hier, in Frisco, ist das ganz anders. Wir liegen am

So weit das Auge reicht, liegt die herrliche Bucht, von den Höhen der Stadt aus gesehen, im leichten Dunst eines frühen Morgens.
Nicht weit vom Golden Gate warten die

Segelschiffe vor Anker auf einen Platz an der Pier.
Die BOIELDIEU *liegt zur Reparatur ihres in Oakland abgebrannten Achterschiffs in der Werft von Moore & Scott.*
Hinter uns hat ein betagter, kleiner hölzerner Segler aus Norwegen festgemacht, dessen Eigner-Kapitän uns auf sein Schiff einlud. Er schippert mit seiner Familie auf dem Pazifik. Er liebt die Bequemlichkeit mit bestickten Pantoffeln, einem Käppchen und seinem Schlafrock.

Die DUCHESSE ANNE des Reeders Bureau aus Nantes liegt zur Bodenreinigung und Ruderkontrolle in Frisco im Schwimmdock. Ihr Kapitän Cervony war kurz nach dem Auslaufen in Hongkong an der Pest gestorben und auf See bestattet worden. Der Erste Offizier hatte die Reise fortgesetzt und soll nun von Kapitän Audrain abgelöst werden, der mit einem Dampfer nach New York und quer durch das Land mit der Eisenbahn angereist war.
Das Schiff hat Getreide für Hull geladen.

Hier machen die Fotografen ihr Geld mit Mannschafts- und Schiffsportraits. Heute kam einer von ihnen an Bord, der uns die Aufnahme der ANNE-DE-BRETAGNE *zeigte, die er letzte Woche in Santa Rosalia gemacht hatte.*

Kai, da sind ganz andere Dinge zu befürchten. Die Seeleute schießen jeden Abend an Land und jeden Morgen bei der Musterung hat unser „Alter" Angst, daß welche fehlen. Hier „schanghait" man. Die Menschenhändler sind offenbar regelrechte Banditen.

Die Reise auf dem Pazifik bis zum Golden Gate war wunderschön. Du würdest Dich über den

Schiffsverkehr hier in der Bucht wundern. Überall Hafenfähren. San Francisco ist eine große Stadt mit riesigen Gebäuden. Das Leben ist unerschwinglich teuer.

Das Laden und Löschen läuft wie der Blitz. Die 1000 Tonnen Maschinen und Werkzeug für Portland wurden innerhalb von zwei Tagen geladen und gestaut. Der Agent, ein eleganter Mann, hat uns,

Die aufgelegte Flotte der Alaska Packers im Hafen von Oakland. Hier lag eine ganze Reihe aufgegebener und heruntergekommener Schiffe.

Die ***ALBATROS****, ein norwegisches Holzschiff von 1000 Tonnen, hat noch Lukensülls „von der alten Art“ in Deckshöhe. Da haben wir Bedenken, ob die Luken bei schlechtem Wetter dicht halten werden. Aber diese Kerle, echte Wikinger, werden es schon schaffen, ihr Schiff heil und gesund nach Göteborg zu bringen.*

den Ersten Offizier und mich, im Auto bis nach Oakland mitgenommen, wo die aufgelegte Flotte der Alaska Packers liegt. In Frisco trifft man Schiffe aus aller Herren Länder: japanische Dampfer und ein paar amerikanische Segelschiffe, auf denen man einen Einblick bekommt, wie die Offiziere und Bootsmänner mit den Leuten umgehen. Das hat unsere Jungen mal darüber nachdenken lassen, wie es ihnen bei uns an Bord ergeht.

PACIFIQUE

Pazifik auf 50° Nord

Die Segelschiffahrt macht mir wirklich Spaß. Zwar habe ich noch immer kein Patent, doch in den Augen des Kapitäns habe ich mich bereits bewährt, so daß er mir jetzt die Tageswache und manchmal auch die Nachtwache des Zweiten Offiziers zugewiesen hat, aber ich muß mich trotzdem weiter um die Hühner und Schweine kümmern. Aus Frisco sind wir an einem schönen, sonnigen Nachmittag ausgelaufen. Ein Matrose ist nicht mehr an Bord zurückgekehrt. Der Kapitän meint, daß er woanders besser verdient.

Herr Hübelman, der neue konsularische Vertreter in Tacoma, kam am Tag vor der Abreise an Bord. Unser Kapitän hat sich entschlossen, unter Segeln auszulaufen, und wir kreuzen auf der Reede wie bei einer Regatta. In See fängt wieder das einfache und gesunde Bordleben an, auch für lustige Brüder, die, frisch aus den Kaschemmen von Frisco kommend, um sechs Uhr in ihrem Landgangszeug an die Arbeit gegangen sind.

Mit dem durchstehenden Westwind laufen wir auf Oregon zu. Der Schiffsjunge Fanch ist ein Akrobat geworden. Er ist es, der aufentert und die Gordings überholt, damit sie nicht an den Segeln schamfilen.

Ein freundschaftlicher Boxkampf auf der Hütte. Der Erste machte aus Spaß den Vorschlag, zu trainieren, um es zur Not mit dem Jungs aus dem Westen aufnehmen zu können.

In diesen artenreichen Gewässern gibt es mehr Fische als Fischer. Mit einer Schleppangel hatte man sofort eine angenehme Bereicherung für den Küchenzettel am Haken.

Der Nordost-Passat hat uns gut vorangebracht, und wir treffen jetzt wieder auf westliche Winde. Wir haben Kurs auf den Columbia River. Der Alte hat uns von der Barre erzählt, auf der zahlreiche Schiffe gestrandet sind, und er warnte uns vor den „crimps“, den Pressern, die man für alles schmieren muß: für das Lotsen, die Schlepper, das Anlegen und das Be- und Entladen. Der Zweite hat angekündigt, daß die Wachen in der Nacht verstärkt werden.

Nun sind wir in Tacoma eingelaufen. Wir liegen am Kai. Die Männer sind gleich am ersten Abend in die Kneipen gestürzt. Bei der Morgenmusterung

Raumschots segelte unser Schiff am liebsten. Dann kann man im Rigg ruhig und effektiv arbeiten. Aber der ewige Kampf gegen den Rost – eine wahre Sisyphusarbeit!

Mit ein paar Handgriffen bauen sie Rutschen aus Holz auf, die durch die mit der Ladewinde hochgezogenen Stämme schon glatt wie Schlittenkufen waren. Der Geruch von Fichtenholz dringt in die Nase. Die Stauer arbeiten mit Handschuhen und Haken. In der Umgebung des Hafens erstreckt sich dichter Wald, in dem geklinkerte Holzhäuser stehen.

fehlten zwei Mann. Der Kapitän war furchtbar wütend. Merkwürdige Kerle mit schwarzen Melonen und Blumensträußen kamen in Kanus längsseit und erkundigten sich, ob die Mannschaft vollzählig sei und ob wir irgend etwas benötigten. Sie machten Witze und zogen an ihren Zigarren. Der Kapitän befahl dem Bootsmann, ihnen mit dem Deckwaschschlauch eine Dusche zu verpassen. Da hörte der Spaß langsam auf. Der Alte hatte uns von einem Freund, ebenfalls ein Kapitän, erzählt, der zu einem Monat Zuchthaus verurteilt worden ist, weil er ein Boot der „crimps" mit einem Amboß zum Kentern gebracht hatte.

Die Bretter werden über die Poop geschleift und gleiten über eine Rutsche in den Laderaum. Der Nebenlieger beendet seine Ladung.

Ein energischer deutscher Kapitän hat es geschafft, sein Schiff in zehn Tagen zu beladen. Danach geht er sofort nach Australien in See.

Drei Mann sind noch nicht von Land zurück. Der Kapitän verhandelt mit dem Agenten wegen Ersatz – der kennt sich am besten mit den Methoden der Schlepper aus.

Wir bekommen Besuch von französischen Landsleuten, die schon vor langer Zeit in den amerikanischen Westen ausgewandert sind.

In dieser rauhen Umgebung von schwimmenden Stämmen, dunklen Tannen und roh zusammengehauenen Laufstegen lebt eine ganze, ständig wechselnde Kolonie von Seeleuten, die aus allen Ecken der Welt gekommen sind und auf Neuigkeiten aus ihrem Land hoffen. Man besucht sich fast nur unter Landsleuten. Auf See halten die Seeleute wie Pech und Schwefel zusammen, aber hier ist jeder Trick erlaubt, auch unter Landsleuten, um schnell mit der Beladung fertig zu werden. Manchmal laufen havarierte Schiffe ein, die ins Schwimmdock gehen. Die Deutschen bleiben wie wir auf ihren Schiffen und gehen nur selten an Land. Gerüchte vom Krieg lassen auch in diesem friedlichen Hafen die alte Feindschaft von 1870 wieder aufleben.

Abends gehe ich öfter in eine Art Krämerladen mit Bar. Die Tochter des Hauses, Fräulein Rachel, ist sehr charmant, und ihre Mutter ermunterte mich, jederzeit wiederzukommen. Sie fragte mich, ob ich nicht abmustern und mich hier niederlassen wollte. Als ich dies dem Kapitän erzählte, hatte ich für den Rest der Liegezeit Ausgangssperre.

WOOL
STORES
MUIR'S

Kornkammer Australien

HILL CLARK & Co
P.J.S.Co
ONE PENNY
NORTH SHORE
STEAMERS
NORTH SHORE
MILSON'S POINT
FARE ONE PENNY
LAVENDER BAY

Liebe Louise, die Reise hat uns fast auf dem größten Kreis quer über den Pazifik nach Sydney in Australien geführt. So einen Hafen habe ich bisher noch nicht gesehen: geprägt von der Tradition der Engländer, aber auch von der amerikanischen Dynamik und dem Geist der Pioniere. Es darf keine Zeit vertan werden, überall hört man nur: „Business“.

Am Kai liegen einige wunderschöne Klipper, Überlebende aus der Zeit der Wollfahrt um 1880. Wenn hier unser Holz gelöscht worden ist, gehen wir in Ballast nach Port Lincoln, um dort Weizen für Europa zu laden. Es läuft gut; mit den beiden Jungs, die in Oregon an Bord kamen, hatte ich Glück, es sind Seeleute, keine Kirchendiener oder Schreiberseelen, als die sie sich manchmal beim Wecken entpuppen, nachdem sie sturztrunken an Bord gekommen sind.

In Sydney herrscht dasselbe geschäftige Treiben wie in San Francisco. Kaum hat das Schiff festgemacht, wird schon mit dem Löschen der Ladung begonnen. In der Bucht verkehren pausenlos Raddampfer, und die Postdampfer mit Hilfsbesegelung bleiben nicht länger als nötig am Kai liegen. Die französischen Schiffe gehen meist in den Spencer-Golf. Nach einer so langen Reise trifft man sich hier am anderen Ende der Welt gern mit seinen Landsleuten, aber auch mit Blauwasserseglern aus anderen Ländern.

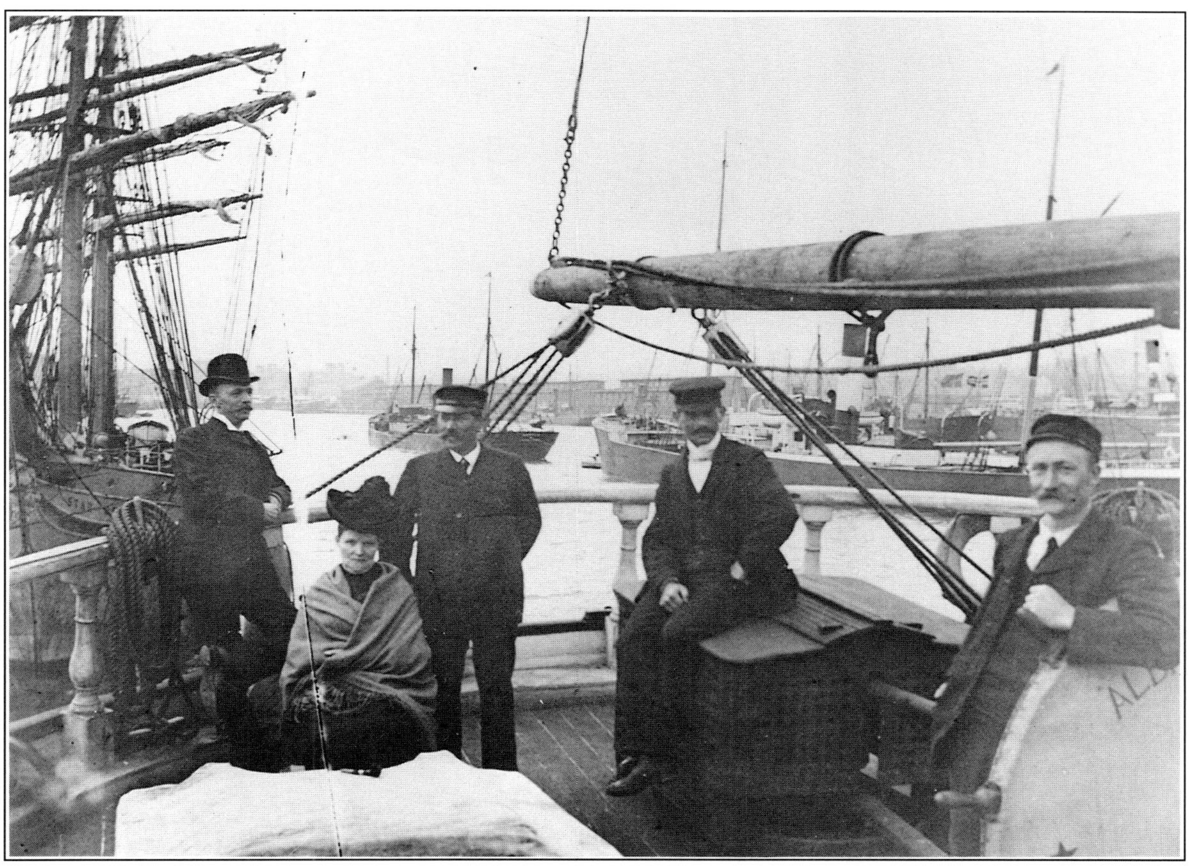

In Port Lincoln lagen wir mit der AMIRAL-CÉCILLE *und der* GERMAINE *an einer Pier. Die Kapitäne der Schiffe sind wütend, weil täglich nur 200 Tonnen Fracht geliefert werden.*

Doch das Einbringen der Ernte wird beschleunigt, und die Küstenfrachter kommen nun vollbeladen in den Hafen. Bald werden 1000 Tonnen Getreide in Säcken über den 2000 Tonnen Schüttgut die Ladung zusammendrücken. Das trockene Wetter erleichtert die Arbeit.

Deine Post habe ich erhalten, sie war drei Wochen vor mir hier. Ich denke, daß wir in 14 Tagen klar sind zum Laden. Dann kreuzen wir durch die Bass-Straße nach Port Lincoln und segeln später nach Hobart, wo wir die 300 Tonnen löschen, die wir seit Beginn der Reise als Ausgleich für die möglicherweise an der amerikanischen Küste fehlende Fracht geladen hatten.

Wenn es keinen Weizen gibt, laden viele Schiffe in Newcastle, am Humber River nördlich von Sydney, Kohle für Chile, wo sie für die Rückreise nach Europa Salpeter an Bord nehmen.

Die Einfahrt von Newcastle ist wegen einer davor liegenden Barre schwierig. Die BRETAGNE ist auf die Seite gelegt worden und trimmt ihre übergegangene Ladung zurück.

Hobart: Französische Segelschiffe kamen hierher, um pro forma eine geringfügige Ladung zu löschen und sich ihre Seemeilen bescheinigen zu lassen, um die staatliche Prämie zu kassieren.

7868. BEATTIE - HOBART

Die Roaring Forties

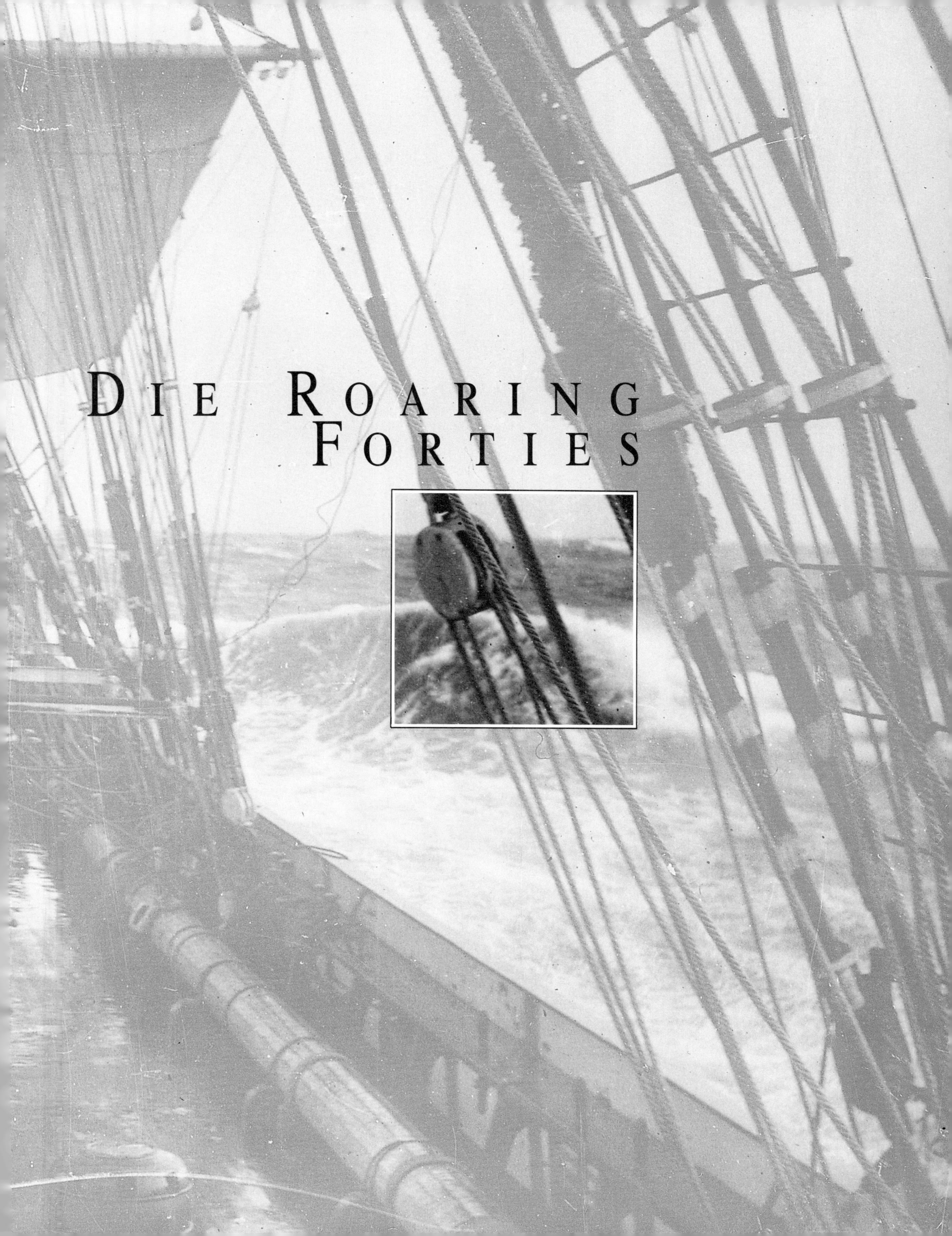

Nach Passieren vom Kap der Guten Hoffnung „tauchen die Segelschiffe in eine See und kommen bis Tasmanien nicht wieder raus", sagte Kapitän Clark, ein Veteran der Australienfahrt, wenn er von den Roaring Forties sprach, jenem Gürtel von starken Westwinden in den hohen Südbreiten, in dem ein rahgetakeltes Schiff mit achterlichen Winden um die Welt segeln kann.

Ich führe mein Tagebuch weiter fort. Bekam in Hobart Post von unseren Reedern. Mir wird ein Kommando in Aussicht gestellt. Ich besprach alles mit dem Kapitän. Er beglückwünschte mich und bedauerte es sehr, mich als Ersten Offizier zu verlieren – was mich natürlich freut. Sydney, Port Lincoln und Hobart waren für mich Offenbarungen, und ich habe in diesem gefährlichen Fahrtgebiet, wo sich so viele Dramen abgespielt haben, eine Menge gelernt.

Diese Reise wird drei Monate dauern. Ich bin ein wenig besorgt um das Schiff, und das nicht etwa, weil wir durch die Roaring Forties segeln, was kaum mehr als ein oder zwei zerrissene Marssegel bedeutet, sondern eher wegen der Eisberge, die sich in diesem Jahr sehr weit nach Norden bis in das Kap Hoorn-Gebiet ausgebreitet haben sollen. Es wäre schon sehr unangenehm, sich von einem

In einer heftigen Gewitterbö war das Voruntermarssegel zerrissen. Das aus den Lieken gerissene Tuch peitscht mit seinen Stößen alles, was es ausreißen kann, und schüttelt das ganze Rigg. Beim ersten Abflauen werden die Vortoppsgäste nach oben gehen und versuchen – vielleicht, wenn nötig, mit dem Messer, „à l´ irlandaise“ – diese todbringende neunschwänzige Katze des Teufels abzuschlagen.

Eisberg aufspießen zu lassen, um dann im besten Fall Port Stanley auf den Falklandinseln als Nothafen anzulaufen und das Schiff reparieren zu lassen. Aber wer weiß?

Wir hatten viel Glück auf dieser Reise. Wenn der Wind auf Sturmstärke auffrischt und wir alle Segel oben haben, weiß ich nie so recht, wann der Zeitpunkt gekommen ist, das Tuch wegnehmen zu lassen. Ich befühle die Wanten, die wie die Saiten

Nach dem Sturm der Gefühle geht das Leben an Bord wieder seinen gewohnten Gang. Man füttert die Ferkel und scheuert das Deck mit Scheuersteinen, der Engländer nennt so einen Stein nach seiner Form „holy stone“, die Deutschen „Gebetbuch“. Der Kapitän sagt: „Wenn wir schon absaufen, dann wenigstens mit einem sauberen Schiff.“

Die schnelle Viermastbark Routenburn, die einige Tage später aus Melbourne als wir aus Hobart ausgelaufen war, überholt uns nun. Mit Flaggensignalen übermittelt sie uns eine schreckliche Neuigkeit: Der Krieg gegen Deutschland ist ausgebrochen. „Good luck“ gibt der Engländer noch sportlich hinüber, und am Abend ist der Bote der traurigen Nachricht hinter der Kimm verschwunden.

„Vor dem Wind" ist kein guter Kurs für ein Rahschiff, wenn alle Segel zum Tragen gebracht werden sollen. Die Alten sagten zwar: „Bon rouleur, bon marcheur", aber dabei wird das Rigg stark beansprucht.
Manchmal holt uns eine See ein und steigt über die Verschanzung des Hauptdecks ein. In diesem Seegebiet werden wir aber vor feindlichen Kriegsschiffen sicher sein. Oft müssen zwei Mann ans Ruder; sie dürfen sich nicht umdrehen und nach achtern auf die furchterregenden Brecher sehen.

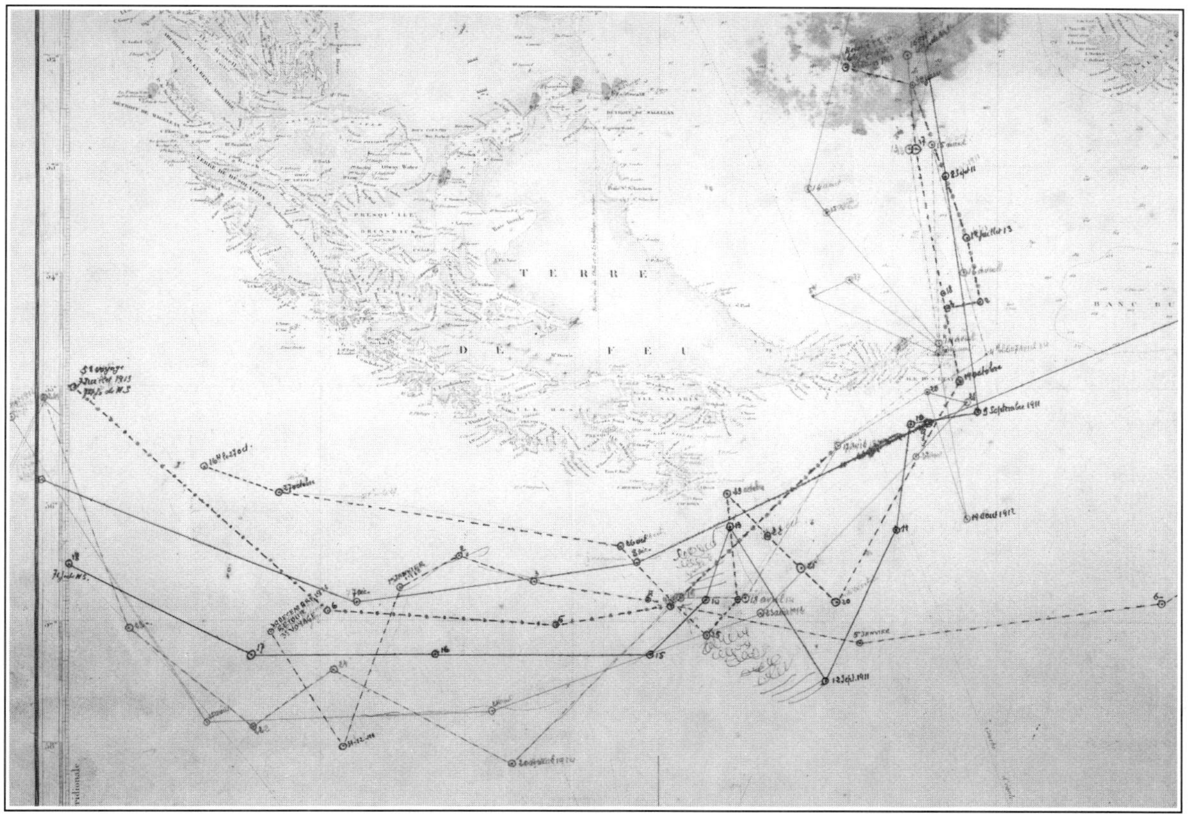

Alles ist naß: die Decks, die Wohnräume, die Kojen. Das Wasser trieft durch die Undichtigkeiten der Kalfaterung in den Decksnähten. Wir kommen aus dem Ölzeug und den Seestiefeln nicht mehr heraus.
Das Schiff rauscht über ein graues, mit weißen Schaumkronen geflecktes Meer unter einem bleiernen Himmel, der durch einen verwaschenen Horizont begrenzt ist.
Seit sechs Tagen haben wir keine Beobachtung machen können und müssen uns auf unseren Koppelort verlassen.

W*ir kommen ins Kap Hoorn-Gebiet. Um sechs Uhr abends trägt der Wachhabende ins Logbuch ein: „Das Wetter wird schlechter“, nachdem es bis dahin schön gewesen war mit einem schwachen Wind, der das Schiff mit 20 Seemeilen pro Wache, also mit fünf Knoten, vorwärts schiebt.*

Die Männer sind müde und haben zur Arbeit keine Lust. Der Kapitän notiert am Rand des Logbuchs: „Ich bemerke allzu häufig, daß die Leute, die Dienst haben, unter den Augen des wachhabenden Offiziers herumbummeln oder rauchen und an die Arbeit gehen, wenn sie Lust haben. Ich weise die Offiziere darauf hin, daß es ihre Pflicht ist, dafür zu sorgen, daß die Leute, die in ihrer Wache Dienst tun, während der Dauer der Wache ständig beschäftigt sind.“

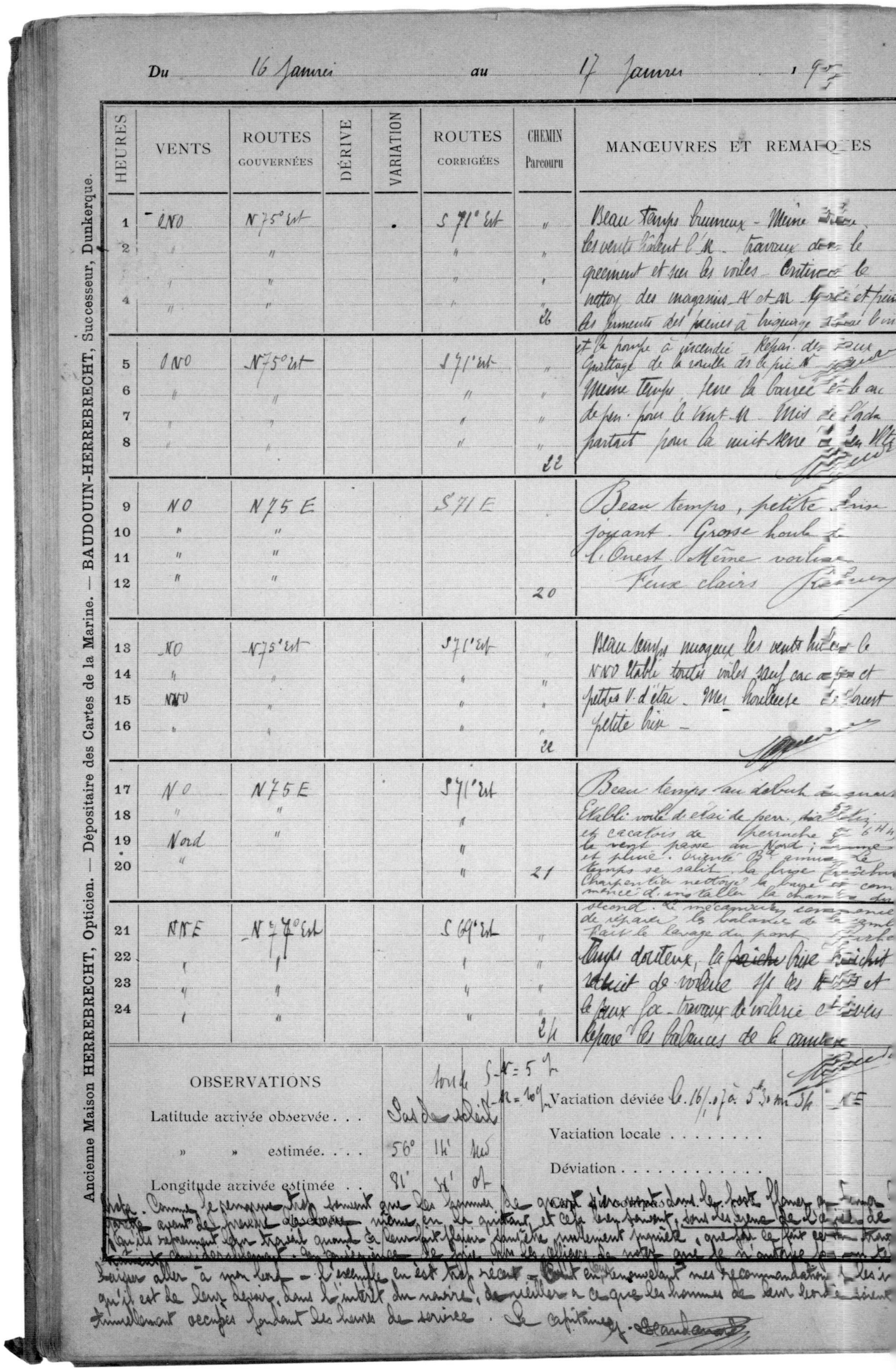

Du 16 Janvier au 17 Janvier 19..

HEURES	VENTS	ROUTES GOUVERNÉES	DÉRIVE	VARIATION	ROUTES CORRIGÉES	CHEMIN Parcouru	MANŒUVRES ET REMARQUES
1	ENO	N 75° Est			S 71° Est		Beau temps brumeux – Même [illegible]
2							
3							
4						26	
5	ONO	N 75° Est			S 71° Est		
6							Même temps [illegible]
7							
8						22	
9	NO	N 75 E			S 71 E		Beau temps, petite brise
10	"	"					[illegible] Grosse houle de
11	"	"					l'Ouest. Même voilure
12	"	"				20	Feux clairs
13	NO	N 75° Est			S 71° Est		Beau temps nuageux les vents [illegible]
14	"						NNO [illegible] toutes voiles [illegible]
15	NNO						[illegible]
16						22	petite brise –
17	NO	N 75 E			S 71° Est		Beau temps au début [illegible]
18	"	"					[illegible]
19	Nord	"					le vent passe au Nord [illegible]
20	"					21	[illegible]
21	NNE	N 7?° Est			S 69° Est		[illegible]
22							Temps douteux, la [illegible] brise [illegible]
23							[illegible]
24						24	[illegible]

OBSERVATIONS

Latitude arrivée observée . . .
» » estimée . . . 56° 14' Sud
Longitude arrivée estimée . . 81° 38' Ouest

Variation déviée
Variation locale . . . .
Déviation . . . .

Ancienne Maison HERREBRECHT, Opticien. — Dépositaire des Cartes de la Marine. — BAUDOUIN-HERREBRECHT, Successeur, Dunkerque.

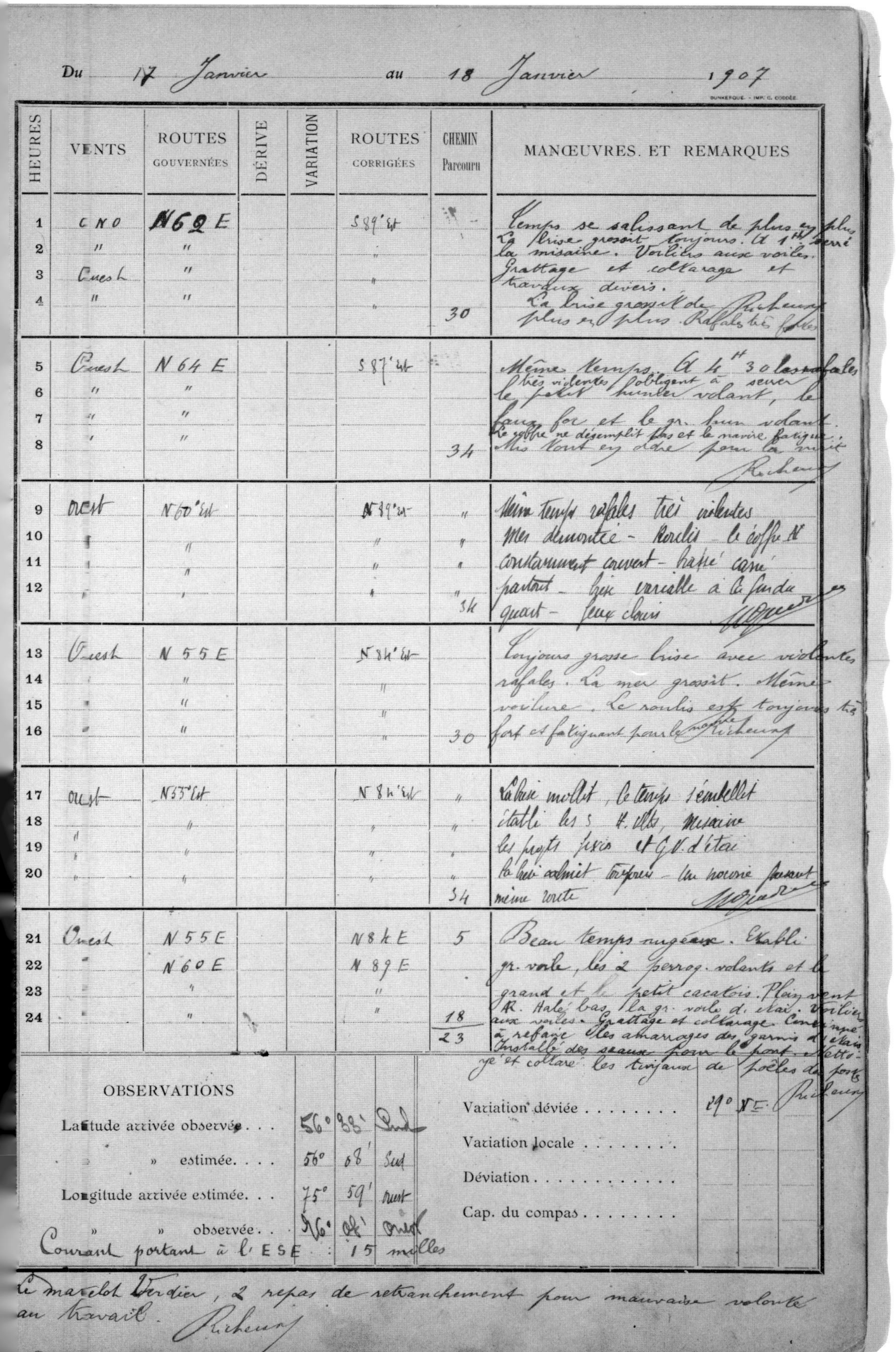
Du 17 Janvier au 18 Janvier 1907

HEURES	VENTS	ROUTES GOUVERNÉES	DÉRIVE	VARIATION	ROUTES CORRIGÉES	CHEMIN Parcouru	MANŒUVRES. ET REMARQUES
1	ONO	N 62 E			S 89' Est		Temps se salissant de plus en plus
2	"	"			"		La brise grossit toujours. A 1 h serré
3	Ouest	"			"		la misaine. Voiliers aux voiles. Grattage et coltarage et
4	"	"			"	30	travaux divers. La brise grossit de plus en plus. Rafales très fortes. Richeux
5	Ouest	N 64 E			S 87' Est		Même temps. A 4 h 30 les rafales
6	"	"					très violentes m'obligent à serrer le petit hunier volant, le
7	"	"					foc, foc et le gr. hunier volant.
8	"	"				34	Le navire ne désemplit pas et le navire fatigue. Mis tout en ordre pour la nuit. Richeux
9	Ouest	N 60' Est			N 89' Est	"	Même temps rafales très violentes
10	"	"			"	"	mer démontée – Roulis – le coffre est
11	"	"			"	"	continuellement couvert – hâtée cassé
12	"	"			"	" 34	partout – bien veillé à la fin du quart – feux clairs [illegible]
13	Ouest	N 55 E			N 84' Est		Toujours grosse brise avec violentes
14	"	"			"		rafales. La mer grossit. Même
15	"	"			"		voilure. Le roulis est toujours très
16	"	"			"	30	fort et fatiguant pour le navire. Richeux
17	Ouest	N 55' Est			N 84' Est	"	La brise mollit, le temps s'embellit
18	"	"			"	"	établi les 3 H. Vts, misaine
19	"	"			"		les focs fixes et G.V. d'étai
20	"	"			"	" 34	la brise mollit toujours – un navire faisant même route [illegible]
21	Ouest	N 55 E			N 84 E	5	Beau temps nuageux. Établi
22	"	N 60 E			N 89 E		gr. voile, les 2 perroq. volants et le
23	"	"			"		grand et le petit cacatois. Plein vent
24	"	"			"	18 / 23	AR. Halé bas la gr. voile d'étai. Voiliers aux voiles. Grattage et coltarage. Continué à refaire les amarrages des garnis d'étais. Installé des seaux pour le pont. Nettoyé et coltaré les tuyaux de poêles du poste. Richeux

OBSERVATIONS

Latitude arrivée observée	56° 38'	Sud	Variation déviée	29°	NE
» » estimée	56° 08'	Sud	Variation locale		
Longitude arrivée estimée	75° 59'	Ouest	Déviation		
» » observée	76° 04'	Ouest	Cap. du compas		

Courant portant à l'ESE : 15 milles

Le matelot Verdier, 2 repas de retranchement pour mauvaise volonté au travail. Richeux

Man sieht, die Bemerkung des Kapitäns hatte ihre Folgen. Man weiß, was zu tun ist, und die Arbeit wird trotz zunehmenden Windes getan.

Das Schiff macht 34 Seemeilen während einer Wache, läuft mehr als acht Knoten.

Dem Matrosen Verdier werden zwei Freiwachen gestrichen. Begründung: Mangelnder Arbeitseinsatz.

einer Geige zittern. Wann ist es soweit, wann hält ein Mast nicht mehr stand?
Wir nähern uns Kap Hoorn. In der Nacht beobachtet man das Thermometer. Wenn es fällt, bekommen wir das Eis zu fassen. In der Dunkelheit sind wir praktisch blind. „Gott helfe uns“, sagten die Fahrensleute, wenn sie über Stag gingen und das Schiff dabei zweimal in eine gefährliche See von der Seite kam.

Nachdem wir Kap Hoorn gerundet hatten, wurde das Wetter langsam wieder besser, und die Mannschaft bekam eine wohlverdiente Belohnung: Man schlachtete ein weiteres Ferkel.

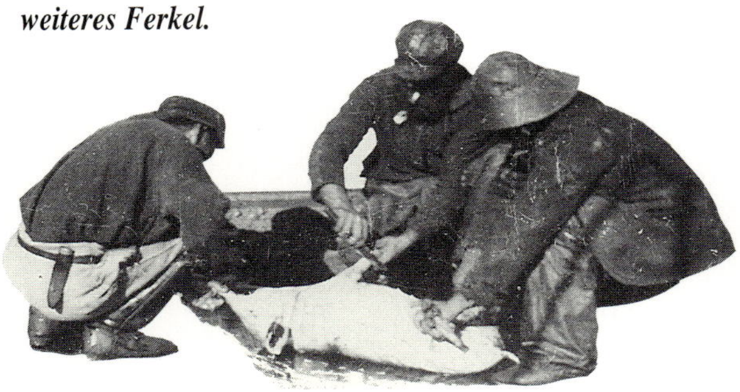

Die Ausguckposten suchen den Horizont nach U-Booten und Kreuzern ab. Wir erfahren später, daß die SEEADLER auf dem Atlantik kreuzte. Das Eis hat uns nicht weiter beunruhigt, aber wir treffen weiter im Norden Eisberge an, die bei ruhigem Wetter auf der See funkeln.

Ein letztes Mal noch zeigten uns das Hoorn und die Roaring Forties ihre Klauen, und dann hatten wir sie hinter uns.
Wie viele Schiffe sind in diesen Gebieten geblieben, weil sie von einer furchtbaren See auf die Seite geworfen wurden, sich nicht mehr aufrichten konnten und dann mit Mann und Maus verloren gingen!

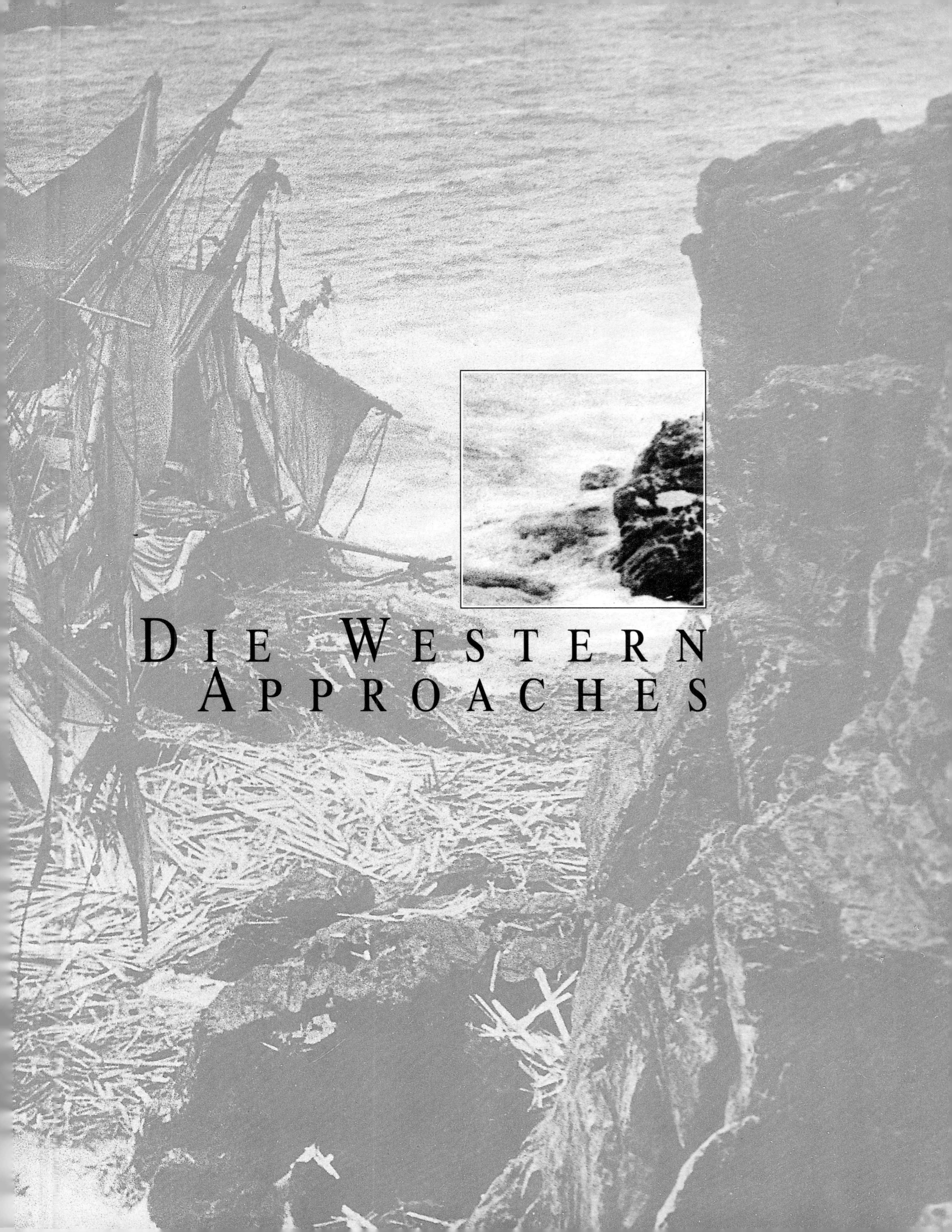

Die Western Approaches

Kaum war der Turm des U-Bootes aus dem Wasser, schoß die Geschützbedienung dem Segler einen Schuß vor den Bug, der augenblicklich backbraßte. Sie brachten Sprengpatronen im Schiff an. Die Besatzung ging in die Boote, während sie das Schiff filzten. Sie warteten, bis die Ladungen hochgingen und das Schiff sank. Die Männer legten sich in die Riemen – bis zur Küste waren es mehr als 100 Seemeilen.

Wir haben den Atlantik hinter uns, ohne auf U-Boote oder feindliche Kriegsschiffe getroffen zu sein. Daß der Krieg dennoch auch zur See geführt wird, zeigen uns die zahlreichen Wracks, an denen wir vorübersegeln. Jeden Augenblick erwarteten wir, den Turm eines U-Bootes auftauchen zu sehen und zum Verlassen des Schiffes aufgefordert zu werden. Was wäre uns schon übriggeblieben, ohne eine Waffe an Bord.

Nachdem wir den Äquator passiert hatten, sagte uns der Kapitän, wie er die Lage sehe. Die Männer begannen in der Freizeit, ihre Habseligkeiten zu packen. Man machte die Rettungsboote klar und staute sie voller Lebensmittel, um sie beim ersten Alarmzeichen aussetzen zu können. Die Ausguckposten auf der Back und im Mars wurden doppelt besetzt, und wir liefen unter der amerikanischen Küste sehr weit nach Norden hoch in der Hoff-

Neutralitätsabzeichen an der Bordwand genügen dem feindlichen U-Boot nicht.
Schiffspapiere und Ladung werden untersucht, dabei ist das Geschütz auf das Schiff gerichtet.

Immer das gleiche Trauerspiel. Man braßt back, und das Prisenkommando kommt an Bord, um die Sprengpatronen anzubringen.
Von weitem sehen wir unser Schiff untergehen. Für die Ladung und das Schiff wird es eine Entschädigung geben, aber wer bezahlt die Arbeit vieler Jahre auf dem Schiff? All das verloren, versunken, in wenigen Minuten vernichtet.

Unsere Abenteuer und die Erlebnisse der Jungen von der Marine waren für die Journalisten ein gefundenes Fressen. Es wurden Postkarten gedruckt, auf denen unsere Mißgeschicke abgebildet waren…
Wie gerne hätte ich es gesehen, wenn diese Großmäuler wenigstens einmal an unserer Stelle ihren Mann gestanden hätten...

Nun wird man uns die Chance geben, uns zu wehren. Man setzte uns auf die Hütte und die Back zwei alte, aber wohl noch brauchbare Kanonen mit Geschützbedienungen von der Marine.

Als der Tag anbrach, meldete der Ausguck im Vormars: „Segelschiff recht voraus!“ Wir ließen alles stehen und liegen, auf das Schlimmste gefaßt. Der wachhabende Offizier, das Doppelglas an den Augen, sagt uns, daß es ein halb gesunkenes Schiff sei.
Wir gingen an Bord. Das Schiff hatte Holz geladen und schwamm trotz des gewaltigen Lochs in der Bordwand, das von einem Torpedo stammen konnte.

J. opie. Photo.

nung, dort nicht auf deutsche Schiffe zu treffen, vor allem aber, um die westlichen Winde der hohen Breiten ausnutzen zu können und mit achterlichem Wind in zwei Wochen die Western Approaches, die Westansteuerung des Englischen Kanals, zu erreichen, wo wir hofften, die alliierten Sicherungskräfte anzutreffen.
Als wir vor Falmouth ankamen, erhielten wir die Order für La Rochelle.

Die Ansteuerung von Cornwall hatte einen traurigen Ruf. Die Scilly-Inseln, die sich nur wenig aus dem Wasser erheben, verzeihen keinen Längenfehler.
Nach manchmal einer Woche ohne Beobachtung finden die großen Segler hier ihr Grab, und wenn sie der Falle der Inseln entkommen sind, wartet schon die englische Küste mit ihrem Nebel und, schlimmer noch, mit Flauten, in denen die Segelschiffe den Strömungen ausgesetzt sind, die sie auf die Küste setzen.
Wer Glück hat, landet auf einem ebenen, harten Sandstrand. Das Schiff wird mit allen Mitteln eilends entladen, bevor das Wetter schlecht wird, um beim nächsten Springhochwasser wieder flott zu werden.

Endlich haben wir La Pallice erreicht. Die Älteren von uns können sich noch an die Havarie der TARAPACA, einem Segler der Reederei Bordes, in der Schleuse erinnern.

La Rochelle/La Pallice war zum Hafen „for order" des gesamten französischen Seehandels geworden.

Nachwort

__1919__ In den Vereinigten Staaten und in Kanada wurden Sechs- und Siebenmastschoner aus Holz in Auftrag gegeben, als Ersatz für die verlorene Tonnage. Doch diese Schiffe wurden niemals in Dienst gestellt und verrotten nun in Marseille. Als wollte man sich über uns lustig machen, aber wohl doch als Reparationsleistung für unsere Kriegsverluste, wurde die deutsche Viermastbark POLA *an Frankreich ausgeliefert.*

__1921__ 27 große Blauwasserschiffe, der Stolz des französischen Schiffbaus, liegen im Canal de la Martinière in der Nähe von Nantes auf. Außer der VILLE-DE-MULHOUSE, *der* GÉNÉRAL-DE-SONIS, *der* BONCHAMP *und der* BOSSUET *fanden sie alle ein ruhmloses Ende unter dem Schneidbrenner. Sieht so der Dank und die Anerkennung der Reeder für ihre großartigen Schiffe aus?*

Weder der Krieg noch die Sozialgesetze von 1918, die anstelle von zwei drei Wachen auf Segelschiffen vorschrieben, brachten das Ende der Segelschiffe. Immer noch fanden sich Männer, die dem noblen Beruf des Segelschiffsmannes treu geblieben und bereit waren, sich auch mit völlig veränderten Verhältnissen abzufinden. Deshalb, aber auch aus anderen Gründen, nämlich wegen der Tonnageknappheit und des Booms der Frachtraten nach dem Krieg, überlebte die Frachtfahrt mit Segelschiffen: die Getreidefahrt aus Australien bis über die Mitte der 20er Jahre und bis 1930 die Zucker- und Rumfahrt von den Antillen.
Der offensichtliche wirtschaftliche Vorteil – niedrige Bezahlung der Segelschiffsleute, geringe Unterhaltskosten für die Schiffe, aber auch eine auf gefühlsmäßige Anhänglichkeit an die Tradition der großen Segelschiffe begründete Faszination – hielt die großen Segelschiffe in Deutschland

Immer weniger Seeleute waren bereit, auf einem Segelschiff anzuheuern, auf dem von ihnen eine Einstellung gefordert wurde, die mit dem sozialen Fortschritt nicht mehr zu vereinbaren war.

1922 *Am 12. Juli lief die Fünfmastbark* FRANCE II, *das größte Segelschiff der Welt, in der Nähe von Nouméa auf Grund.*

Die PREUSSEN, *das einzige Fünfmastvollschiff der Welt, lief vor den Klippen von Dover auf Grund.*

1954 *Die* PAMIR *auf See. Sie sank 1957 auf dem Atlantik und nahm fast ihre ganze Besatzung, die meisten waren Kadetten, mit sich.*

Das Schwesternschiff der havarierten PAMIR, *die* PASSAT, *wurde nach diesem Unglück sofort aus der Getreidefahrt gezogen.*

1930 *Die* BONCHAMP, *der letzte große Frachtsegler der französischen Handelsflotte, wurde in Le Havre für den symbolischen Preis von 1000 Francs verkauft.*

und Skandinavien bis zum Zweiten Weltkrieg und noch danach in Fahrt. Erst der Verlust der Pamir mit fast der gesamten Besatzung besiegelte das Ende der Frachtfahrt mit Segelschiffen. Der einst so großartige Beruf des Segelschiffsmannes lebt nicht mehr. Auf den Segelschulschiffen von heute wird noch ehrfürchtig das Erbe ihrer Tradition gepflegt, aber auch das kann bald vorbei sein, und nichts davon bleibt übrig. Die Bilder auf diesen Seiten sind eine Huldigung an die große, vergangene Epoche der Segelschiffe.

1947 *Wie die* Pola *1919 ging auch die* Grossherzogin Elisabeth *als Reparationszahlung nach Frankreich.*

1947 *Die* Duchesse-Anne, *ex* Grossherzogin Elisabeth, *bis auf die Untermasten abgetakelt, als Wohnschiff in Brest.*

1939 *Die* Moshulu, *ex* Kurt, *war eines der letzten Segelschiffe in den Getreiderennen von Australien nach Europa.*

1954 *Die* Jeanne-d'Arc *und die* Duquesne *dienten in der Bucht von Arcachon als Kohlehulken für Fischdampfer.*

1949 *Die* Implacable, *ex* Duguay-Trouin, *ein 74-Kanonen-Linienschiff und Überlebende der Trafalgarschlacht. Doch damals dachte man noch nicht an die Pflege des maritimen Erbes. So versenkte man dieses unschätzbare Stück französischer Schiffbaukunst.*

1927 *Die* VILLE-DE-MULHOUSE *wurde vom Schiffsfriedhof Martinière an einen chilenischen Reeder verkauft und fand vor Punta Arenas in der Magellanstraße als Kohlenhulk Verwendung. Zu ihrer Rettung gründete sich die ASCANF, die „Association pour la sauvegarde et la conservation des anciens navires français", die Gesellschaft zur Rettung alter französischer Schiffe, aber die Hilfe kam zu spät. Doch brachte es ein glücklicher Umstand mit sich, daß die ASCANF mit der Rettung eines anderen großen Frachtseglers, der* BELEM, *beginnen konnte. Die* BELEM *fuhr als einer der letzten frachtfahrenden Rahsegler unter französischer Flagge. Am 20. Januar 1979 übernahm die ASCANF dieses Schiff und takelte es wieder als Bark. Der Heimathafen ist heute Nantes, und die stolze Bark nimmt nun wieder als* BELEM *an den Windjammertreffen teil.*

REKORDREISEN

	Jahr	Schiff	Reg.Ton.	Route	Reisedauer in Tagen
Europa – Australien	1868/69	Britischer Klipper THERMOPYLAE	948	London – Melbourne	60
	1870/71	Britischer Klipper THERMOPYLAE	948	London – Melbourne	60
	1854	Amerikanischer Klipper JAMES BAINES	2275	Liverpool – Melbourne	63
	1875/76	Britischer Klipper CUTTY SARK	921	Kanal – Kap Otway (Süd-Australien)	64
	1874/75	Britischer Klipper CUTTY SARK	921	Kanal – Süd Kap (Tasmanien)	66
	1909	Deutsches Vollschiff MELPOMENE	1783	Kanal – Melbourne	67
	1907	Deutsche Viermastbark HERZOGIN SOPHIE CHARLOTTE	2591	Kanal – Sydney	69
	1933/34	Deutsche Viermastbark PRIWALL	3105	Kanal – Spencer Golf	62
	1933/34	Deutsche Viermastbark PADUA	3064	Kanal – Spencer Golf	63
Europa – Indien	1863	Britischer Klipper THE TWEED	1745	London – Bombay	77
	1875	Britischer Klipper ACCRINGTEON	1831	Liverpool – Hugli-Mündung	74
	1878	Deutsche Bark FÜRST BISMARCK	991	Kanal – Bassein	86
	1891	Deutsche Viermastbark EUTERPE	2069	Kanal – Kalkutta	87
Europa – China	1866/67	Britischer Klipper ARIEL	853	London – Hongkong	80
	1898	Britische Viermastbark MUSKOKA	2357	Cardiff – Hongkong	86
	1898	Britische Viermastbark METROPOLIS	2181	Cardiff – Hongkong	91
China – Europa	1869	Britischer Klipper SIR LANCELOT	886	Futschau – Kanal	89
	1852	Amerikanischer Klipper WITCH OF THE WAVES	1200	Shanghai – Kanal	90
	1855	Amerikanischer Klipper NIGHTINGALE	1066	Shanghai – London	91
	1869	Britischer Klipper THERMOPYLAE	948	Futschau – London	91
	1873	Britischer Klipper HALLOWE'EN	920	Shanghai – London	89
China – Nordamerika	1845	Amerikanisches Vollschiff NATCHEZ	ca. 800	Makao – Boston	78,2
	1847/48	Amerikanischer Klipper SEA WITCH	890	Kanton – New York	77
	1848	Amerikanischer Klipper SEA WITCH	890	Kanton – New York	74,6
	1895	Britische Viermastbark ALCIDES	2704	Hongkong – New York	83
Nordamerika – Europa	1854	Amerikanischer Klipper JAMES BAINES	2275	Boston – Liverpool	12 Tg. 6 Std.
	1854	Amerikanischer Klipper RED JACKET	2035	New York – Liverpool	13 Tg. 1 Std.
	1854	Amerikanischer Klipper DREADNOUGHT	1413	New York – Liverpool	13 Tg. 11 Std.
	1859	Amerikanischer Klipper DREADNOUGHT	1413	New York – Liverpool	13 Tg. 8 Std.
	1864	Amerikanisches Vollschiff ADELAIDE	ca.1000	New York – Liverpool	12 Tg. 8 Std.
Europa – Nordamerika	1855	Amerikanisches Vollschiff MARY WHITRIDGE	978	Liverpool – Baltimore	14 Tg. 9 Std.
	1860	Amerikanisches Vollschiff ANDREW JACKSON	1676	Liverpool – New York	15
	1892	Britisches Vollschiff HOWARD D. TROOP	2165	Greenock – New York	14
Westküste von Nordamerika nach Europa	1891/92	Britisches Vollschiff ALCINOUS	1662	San Francisco – Queenstown (Irland)	93
	1892	Britisches Vollschiff MACHRIHANISH	1758	Portland (Oregon) – Irland	91
	1895	Britische Viermastbark PRINCIPALITY	1757	Astoria – Queenstown (Irland)	95
	1900	Deutsches Vollschiff SCHWARZENBEK	1877	San Francisco – Kanal	97

	Jahr	Schiff	Reg.Ton.	Route	Reisedauer in Tagen
Verschiedene Routen	1896	Britische Viermastbark WENDUR	2046	Newcastle/Austr. – Valparaiso	29,5
	1896	Britische Viermastbark LOCH TORRIDON	2181	Newcastle/Austr. – Valparaiso	30,1
	1901	Deutsche Viermastbark PISAGUA	2852	Spencer Golf – Taltal	32,2
	1891	Britische Viermastbark DUNDEE	2063	Cardiff – Rio de Janeiro	31
	1891	Deutsche Bark PACIFIC	461	Kanal – Rio de Janeiro	31
	1898	Deutsches Vollschiff PHILADELPHIA	1709	Kanal – Rio de Janeiro	32
	1895	Britisches Vollschiff BANGALORE	1746	Kalkutta – New York	88
	1891	Deutsches Vollschiff CARL FRIEDRICH	459	Sunda Straße – New York	80
	1892	Deutsches Vollschiff COLUMBUS	1371	Sunda Straße – Kanal	78

Die deutschen Großsegelschiffe 1913

Reederei	Schiff	Größe NRT	Bauart	Jahr	Bauort
Reederei Akt.-Ges. von 1896, Hamburg	Arethusa	1703	Vollschiff	1890	Glasgow
	Athene	2360	Viermastbark	1892	Workington
	Erato	1666	Vollschiff	1890	Glasgow
	Hebe	2364	Viermastbark	1891	Workington
	Hera	1994	Viermastbark	1886	Geestemünde
	Klio	1571	Vollschiff	1888	Glasgow
	Maipo	1674	Vollschiff	1893	Geestemünde
	Melpomene	1699	Vollschiff	1891	Glasgow
	Oceana	2631	Viermastbark	1892	Sunderland
	Olinda	1790	Vollschiff	1903	Port Glasgow
	Oliva	1807	Vollschiff	1901	Port Glasgow
	Olona	1818	Vollschiff	1902	Dumbarton
	Olympia	2356	Viermastbark	1904	Krimpen
	Omega	2360	Viermastbark	1887	Greenock
	Ossa	1793	Vollschiff	1902	Dumbarton
	Ostara	1830	Vollschiff	1896	Port Glasgow
	Parnassos	1852	Vollschiff	1894	Port Glasgow
	Terpsichore	1935	Vollschiff	1883	Liverpool
	Urania	3060	Viermastbark	1902	Dumbarton
F. Laeisz, Hamburg	Pamir	2777	Viermastbark	1905	Hamburg
	Pampa	1676	Vollschiff	1891	Rostock
	Pangani	2822	Viermastbark	1902	Geestemünde
	Parma	2882	Viermastbark	1902	Port Glasgow
	Passat	2882	Viermastbark	1911	Hamburg
	Peiho	1970	Vollschiff	1902	Dumbarton
	Peking	2882	Viermastbark	1911	Hamburg
	Pelikan	1933	Vollschiff	1905	Rotterdam
	Penang	1880	Bark	1905	Geestemünde
	Perim	1808	Bark	1902	Port Glasgow
	Persimmon	2827	Viermastbark	1891	Leith
	Petschili	2855	Viermastbark	1903	Hamburg
	Pinnas	1790	Vollschiff	1902	Port Glasgow
	Pirna	1687	Vollschiff	1894	Geestemünde
	Pitlochry	2904	Viermastbark	1894	Dundee
	Pommern	2266	Viermastbark	1903	Glasgow
	Ponape	2177	Viermastbark	1903	Riva Trigosa
	Potosi	3755	Fünfmastbark	1895	Geestemünde
Knöhr & Burchard Nfg., Hamburg	Barmbek	2108	Viermastbark	1886	Whitehaven
	Eilbek	2222	Viermastbark	1892	Port Glasgow
	Flottbek	1861	Vollschiff	1891	Wallsend
	Goldbek	2476	Viermastbark	1893	Glasgow
	Isebek	2199	Viermastbark	1892	Liverpool
	Jersbek	2653	Viermastbark	1892	Milford Haven
	Lasbek	2192	Vollschiff	1894	Glasgow
	Osterbek	1510	Vollschiff	1890	Grangemouth
	Reinbek	2630	Viermastbark	1889	Whitehaven
	Schiffbek	2527	Viermastbark	1886	Southampton
	Schürbek	2266	Viermastbark	1902	Glasgow
	Schwarzenb.	1877	Vollschiff	1892	Southampton
	Steinbek	2062	Vollschiff	1892	Glasgow
	Tarpenbek	1767	Vollschiff	1892	Southwick
	Thielbek	2644	Viermastbark	1893	Liverpool
	Wandsbek	2115	Viermastbark	1892	Greenock
August Bolten Wm.Millers Nchfg., Hamburg	Carl	1876	Vollschiff	1893	Maryport
	Elfrieda	1714	Vollschiff	1873	Liverpool
	Gustav	2586	Viermastbark	1892	Port Glasgow
	Helios	1201	Bark	1891	Flensburg
	Henriette	1921	Vollschiff	1885	Durham
	Leni	1838	Viermastbark	1891	Geestemünde
	Ulrich	2142	Viermastbark	1892	Port Glasgow
G.J.H. Siemers & Co., Hamburg	Edmund	2914	Viermastbark	1891	Leith
	Egon	2969	Viermastbark	1912	Port Glasgow
	Hans	2869	Viermastbark	1904	Port Glasgow
	Herbert	2057	Viermastbark	1892	Greenock
	Kurt	2875	Viermastbark	1904	Port Glasgow
	Susanna	1873	Vollschiff	1892	Hamburg

Reederei	Schiff	Größe NRT	Bauart	Jahr	Bauort
H.H. Schmidt, Hamburg	Henriette	2882	Viermastbark	1893	Leith
	Lisbeth	2346	Viermastbark	1891	Workington
	Magretha	2189	Viermastbark	1890	Port Glasgow
	Marie	1827	Vollschiff	1895	Port Glasgow
	Mimi	2246	Viermastbark	1893	Stockton
Wachsmuth & Krogmann, Hamburg	Indra	1643	Vollschiff	1892	Greenock
	Luna	2058	Vollschiff	1892	Port Glasgow
	Tellus	1363	Bark	1891	Rotterdam
H. Fölsch & Co., Hamburg	Walküre	3049	Viermastbark	1902	Dumbarton
	Waltraute	1785	Vollschiff	1893	Port Glasgow
	Wellgunde	1746	Vollschiff	1904	Port Glasgow
	Woglinde	2472	Viermastbark	1896	Greenock
Eug. Cellier, Hamburg	Blankenese	1477	Vollschiff	1898	Amsterdam
	Glückstadt	1766	Vollschiff	1895	Port Glasgow
	Louis Pasteur	1612	Bark	1895	Rouen
	Obotrita	1394	Bark	1892	Helsingör
C.Ch.D. Krabbenhöft, Hamburg	Carl	2152	Viermastbark	1892	Krimpen a.d.L.
	Claus	1824	Vollschiff	1892	Port Glasgow
	Hans	1597	Bark	1894	Greenock
	Paul	1968	Viermastbark	1894	Maryport
J.A.E. Wimmer, Lissabon-Hamburg	Baden	1035	Bark	1885	Dumbarton
	Bellas	851	Bark	1875	Whitehaven
	Bonn	1053	Bark	1877	Glasgow
	Dresden	1593	Vollschiff	1886	Port Glasgow
	Sachsen	1273	Vollschiff	1889	Rostock
Mentz, Decker & Co., Hamburg	Vidylia	664	Bark	1878	Port Glasgow
	Viganella	760	Bark	1893	Grabow a.O.
Schlüter & Maak, Hamburg	Harvestehude	2057	Vollschiff	1894	Port Glasgow
	Mozart	1904	Viermastbarkentine	1903	Greenock
	Winterhude	1895	Bark	1898	Geestemünde
Schlubach, Thiemer & Co., Hamburg	Elisa Lihn	2097	Viermastbark	1886	Port Glasgow
Bremer Stahlhof A.-G., Bremen	Adolf Vinnen	3259	Viermastbark	1892	Port Glasgow
	Albertus Vinnen	1696	Vollschiff	1891	Glasgow
	Arnoldus Vinnen	1789	Vollschiff	1892	Glasgow
	Barthold Vinnen	2307	Viermastbark	1891	Liverpool
	Carl Rudgert Vinnen	2768	Viermastbark	1890	Liverpool
	Christel Vinnen	2936	Viermastbark	1890	Belfast
	J.C. Vinnen	2959	Viermastbark	1892	Liverpool

Reederei	Schiff	Größe NRT	Bauart	Jahr	Bauort
	Lucy Vinnen	2557	Viermastbark	1892	Port Glasgow
	Magdalene Vinnen	3183	Viermastbark	1892	Liverpool
	Susanne Vinnen	2597	Viermastbark	1892	Alloa
	Werner Vinnen	2962	Viermastbark	1891	Liverpool
D.H. Wätjen & Co., Bremen	Adelaide	2915	Viermastbark	1888	Belfast
	Alice	2045	Vollschiff	1891	Vegesack
	Anna	2468	Viermastbark	1893	Glasgow
	Bertha	2542	Viermastbark	1888	Liverpool
	D.H. Wätjen	2065	Vollschiff	1892	Vegesack
	Excelsior	1304	Bark	1891	Larvig
	Kaiser	1180	Vollschiff	1877	Bremerhaven
	Magdalene	2686	Viermastbark	1891	Leith
	Roland	1270	Vollschiff	1879	Bremerhaven
Reederei „Visurgis" A.-G., Bremen	Nal	2571	Viermastbark	1892	Alloa
	Nereide	1707	Vollschiff	1890	Vegesack
	Nereus	1714	Vollschiff	1889	Vegesack
	Nesaia	1670	Vollschiff	1891	Vegesack
	Niobe	1940	Viermastbark	1893	Belfast
Karl. Joh. Klingenberg & Co., Bremen	Matador	1366	Bark	1884	Brake
	Seefahrer	2067	Viermastbark	1888	Liverpool
Rickmers-Reismühlen, Bremen	R.C. Rickmers	4696	Fünfmastbark mit Hilfsmaschine	1906	Geestemünde
	Renée Rickmers	1959	Viermastbark	1887	Glasgow
J.C. Pflüger & Co., Bremen	Alexander Isenberg	1699	Vollschiff	1891	Grohn
	H. Hackfeld	2193	Viermastbark	1890	Glasgow
Britze & Co., Bremen	Rigel	1879	Vollschiff	1891	Geestemünde
Gebr. Seetzen, Hamburg Heimathafen Bremen	Carl	1085	Bark	1891	Nantes
Gebr. Kulenkampff, Bremen	Columbus	1371	Vollschiff	1876	Newburyport
J. Tidemann & Co., Bremen	Chile	2054	Vollschiff	1893	Vegesack
	Peru	2024	Vollschiff	1894	Vegesack
A. Witte, Bremerhaven	Frieda	1991	Viermastbark	1885	Glasgow

Reederei	Schiff	Größe NRT	Bauart	Jahr	Bauort
Heinrich Bauer, Rostock	Martha Bockhahn	696	Bark	1891	Ardrossan
H. Mentz, Rostock	Frieda Mahn	1266	Bark	1891	Rostock
E. Tom Diek, Elsfleth	Anna	1391	Bark	1892	Lübeck
Deutsche Dampffischerei Nordsee, Nordenham	Standard	1420	Bark	1876	Richmond
Norddeutscher Lloyd, Bremen	Herzogin Cecilie	2786	Viermastbark (Schulschiff)	1902	Geestemünde
	Herzogin Sophie Charlotte	2248	Viermastbark (Schulschiff)	1895	Geestemünde
Deutscher Schulschiffverein, Bremen	Großherzogin Elisabeth	721	Vollschiff (Schulschiff)	1901	Geestemünde
	Prinzeß Eitel Friedrich	941	Vollschiff (Schulschiff)	1909	Hamburg
Deutsche Antarktis-Expedition e.V., Berlin	Deutschland	344	Bark mit Hilfsmaschine	1905	Risör

Die deutschen Großsegelschiffe 1935

Reederei	Schiff	Größe NRT	Bauart	Jahr	Bauort
F. Laeisz, Hamburg	Padua	2768	Viermastbark	1926	Wesermünde
	Priwall	2834	Viermastbark	1917	Hamburg
F.A. Vinnen & Co., Bremen	Magdalene Vinnen	3017	Viermastbark mit 500-PS-Hilfsmotor	1921	Kiel
Carl Rudgert Hans Vinnen, Bremen	Carl Vinnen	1524	Fünfmastschoner mit 350-PS-Hilfsmotor	1922	Kiel
Friedrich Adolf Vinnen, Bremen	Christel Vinnen	1548	Fünfmastschoner mit 350-PS-Hilfsmotor	1922	Kiel
Christoph Joh. Werner Vinnen, Bremen	Werner Vinnen	1548	Fünfmastschoner mit 350-PS-Hilfsmotor	1922	Kiel
Deutscher Schulschiffverein, Bremen	Großherzogin Elisabeth	721	Vollschiff	1901	Geestemünde
	Deutschland	769	Vollschiff	1927	Wesermünde

GLOSSAR

ABFALLEN Kursänderung eines Schiffes, so daß der Wind ganz oder fast ganz von hinten in die Segel fällt
ACHTERDECK hinterer Teil des Decks, früher oft erhöht
ACHTERN der rückwärtige Teil des Schiffes; die Richtung nach hinten heißt „achteraus", die Richtung von hinten „achterlich"
ACHTERSTEVEN siehe Steven
AM WIND die äußerste Lage, in der ein mit dem Wind schräg von vorn segelndes Schiff noch Fahrt voraus macht
ANKERSPILL Winde zum Hochwinden (Hieven) des Ankers
ANLUVEN das Schiff näher an den Wind bringen
ANSCHLAGEN ein Rahsegel an der Rah, ein Gaffelsegel an der Gaffel mit einem Anschlagbändsel befestigen

BACK die – nicht normale – Stellung von Segeln, in die der Wind von vorn hineinbläst, so daß die Fahrt des Schiffes gebremst wird
BACKBORD linke Seite eines Schiffes, wenn man von achtern nach vorn blickt
BACKBORD-BUG ein Schiff segelt auf Backbord-Bug, wenn der Wind von Steuerbord kommt
BACKBORD-HALSEN das Schiff segelt mit dem Wind von Backbord, und zwar so, daß der Wind nicht achterlicher als quer einkommt
BACKBRASSEN Schwenken der Rahen in die Stellung, in der die Segel den Wind von vorn bekommen. Man braßt back, um Fahrt aus dem Schiff zu nehmen
BALLAST schweres Material, das im untersten Teil des Schiffes gelagert wird, um ihm Stabilität zu geben. Segelschiffe ohne Ladung mußten durchweg mit Ballast gefahren werden
BEIDREHEN die Fahrt verlangsamen durch Backbrassen oder Bergen der Segel
BESANMAST der achtere Mast auf einem größeren Segelschiff, das nicht als Vollschiff getakelt ist (ein Vollschiff trägt an allen Masten Rahen)
BILGE der unterste Raum eines Schiffes
BRAMSTENGE der obere Teil eines Mastes auf einem Segelschiff; der Mast besteht aus drei Teilen: Untermast, Marsstenge und Bramstenge
BRASSEN Taue und Drähte, mit denen die Rahen in einer horizontalen Ebene geschwenkt werden, um die Segelstellung der Windrichtung anzupassen
BRASSEN das Schwenken der Rahen mit Hilfe der Brassen. Werden die Luvbrassen geholt, weil der Wind achterlicher wird, so spricht man von „aufbrassen"; das Gegenteil heißt „wegbrassen" oder auch „anbrassen"
BRASSWINDEN erleichtern die Bedienung der Brassen für die drei unteren Rahen
BRÜLLENDE VIERZIGER die englische Bezeichnung (Roaring Forties) der Region zwischen 40 und 50 Grad Südbreite, wo westliche Winde vorherrschen, die „Braven Westen"
BUGSPRIET über den Vordersteven hinausragendes Rundholz oder Stahlrohr, das gleichzeitig die Verankerung der Drähte trägt, die den vorderen Mast von vorn stützen und außerdem die Vorsegel trägt. Wenn zweiteilig, heißt der vordere Teil „Klüverbaum"

CHRONOMETER griechisch: Zeitmesser; Präzisionsfederuhrwerk mit höchsten Gangleistungen, speziell als Seechronometer für die Schiffahrt gebaut

DALBEN in den Grund gerammte Gruppe von mindestens drei starken Pfählen zum Festmachen von Schiffen oder zum Schutz von Kaimauern; eigentlich Duckdalben

ETMAL die Distanz, die ein Schiff an einem Tag von Mittag zu Mittag zurücklegt

FALL Tau oder Draht, mit dem ein Segel oder eine Rah hochgeholt wird, um das Segel zu setzen
FIEREN einen Gegenstand mittels Tau oder Drahtseil herablassen; auch das Nachlassen oder Losegeben von Leinen oder Ketten, die unter Zug stehen

GANGSPILL eine Winde mit senkrecht stehender Achse, die von mehreren Leuten mit großen Speichen, genannt Handspaken, gedreht wird, indem die Leute um das Spill herumgehen oder -laufen
GEITAUE Taue oder Drähte, mit denen man die unteren Ecken der Rahsegel zur Rah hochholt
GLASEN Angabe der Uhrzeit durch die Schiffsglocke, und zwar halbstündlich. Acht Glasen bedeutet das Ende der vierstündigen Wachzeit
GORDINGS Taue oder Drähte, mit denen man von Deck aus ein Rahsegel lose zusammenholt, bevor es von den Leuten auf der Rah mit „Zeisingen" festgemacht wird
GROSSRAH die unterste Rah am Großmast
GROSSTOPP Spitze des Großmastes oder der ganze Großmast
GROSSWANT Want am Großmast

HALSEN das Schiff mit dem Heck durch den Wind drehen
HULK Schiff, das dauerhaft verankert oder vertäut eine anderweitige Verwendung gefunden hat

KALFATEN mit Pech oder Werg abdichten
KALMENGÜRTEL eine schmale Zone flauer Winde und Windstillen in der Nähe des Äquators
KLÜVERBAUM über den Vorsteven hinausragendes Rundholz zum Befestigen von Vorsegeln; vgl. Bugspriet
KNOTEN Abkürzung: kn; Bezeichnung für die Fahrgeschwindigkeit eines Schiffes; 1 kn = 1 Seemeile/Stunde = 1852 m
KOFFEINAGEL Belegnagel aus Hartholz oder Stahl, ca. 30 cm lang, an einer Nagelbank zum Belegen von laufendem Gut.

Krängung seitliche Neigung des Schiffes

Lee die vom Wind abgewandte Seite eines Schiffes

Leesegel bei leichtem bis mäßigem achterlichem Wind angebrachte Zusatzsegel

lenzen Leerpumpen eines Raumes, z.B. der Bilge

Lenzpforten verschließbare Öffnungen in der Schiffsseitenwand zum Ablaufen des Wassers

Liek Tau oder Draht, mit dem ein Segel eingefaßt ist

Log das Gerät, mit dem die Geschwindigkeit des Schiffes oder die zurückgelegte Distanz gemessen wird

Logis die Unterkunftsräume der Mannschaft

Lot Gerät zur Tiefenmessung

Luv die dem Wind zugewandte Seite des Schiffes

Mallung Zone leichter, unbeständiger Winde, die man in der Nähe des Äquators zwischen Nordost- und Südost-Passat antrifft

Maury, Matthew Fontaine Offizier der amerikanischen Marine, entwickelte Anfang des 19. Jh. die systematische Beobachtung und Sammlung von Daten zu Winden und Strömen der Ozeane. Diese Angaben wurden dann in Wind- und Stromkarten dargestellt

Messe Eß- oder Wohnraum (Mannschaftsmesse, Offiziersmesse)

Nagelbank waagerechte Bänke an den Unterwanten oder am Mast mit Löchern für die einzusteckenden Koffeinägel

Nock das äußerste Ende oder die beiden Enden einer Spiere

Pardun Eisendrähte, die die Masten schräg nach achtern abstützen

Passat regelmäßig das ganze Jahr hindurch wehende Winde zwischen dem Äquator und etwa 30 Grad Nord- und Südbreite

Poop der erhöhte hintere Teil eines Schiffes

Pützen Wassereimer aus Holz oder Blech

Rah auch: Raa; Rundholz, das nach außen schlanker wird. Es ist am Mast aufgehängt, um daran Rah-Segel anzubringen

Rahnocken die äußeren Enden einer Rahe

raum Wind, der achterlicher als quer einkommt

raumen Wind, der seine Richtung in bezug auf den Kurs des Schiffes im günstigen Sinne ändert

reffen Verkleinern der Fläche eines Segels

Rigg/Riggung die Takelage eines Segelschiffs

rollen Bewegung eines Schiffes infolge Seegang nach beiden Schiffsseiten, also um die Längsachse

Royal das oberste Rahsegel am Mast großer Segler

schamfilen scheuern, reiben

Schot Bezeichnung für die Taue, Drähte oder Ketten, die ein Segel ausspannen und in der richtigen Lage halten

Schott(en) wasserdichte Längs- und Querwände in Schiffen

Seemeile Abkürzung sm; entspricht 1852 m = Länge einer Bogenminute auf einem mittleren Erdumfang = 21 600ster Teil des Erdumfangs

Spieren seemännische Bezeichnung für Rundhölzer

Stag starker Draht, der einem Mast oder einer Stenge Halt gibt

Stenge eine Verlängerung des Mastes; zur Zeit der hölzernen Masten bestand ein Mast aus drei oder vier aufeinandergesetzten Stücken

Steuerbord die rechts liegende Seite eines Schiffes, wenn man von achtern nach vorn blickt

Steven vordere oder hintere Begrenzung des Schiffsrumpfes (Vor- und Achtersteven), wo die Beplankung oder Beplattung ansetzt

Sturmsegel Segel, die beim Sturm stehengelassen werden, in erster Linie das Untermarssegel

Süll hohe Türschwelle und Schwelle an Niedergängen, Einfassung von Luken, um bei übergehenden Brechern das Wasser abzuweisen

Takelage Sammelbegriff für das stehende und laufende Gut sowie für alle Masten, Stenge, Segel eines Segelschiffes

Topp(en) das obere Ende eines Mastes oder einer Stenge

Trimmen (Segel, Rahen etc.) etwas in die vorgeschriebene Lage bringen, zurechtziehen

übergehen Verrutschen der Ladung, wodurch die Stabilität gefährdet wird

verholen den Liegeplatz eines Schiffes verändern

verschalken Öffnungen im Deck, z.B. Luken, mit einer Persenning wasserdicht machen und mit Schalklatten verkeilen

Vollschiff Segler mit drei Masten, die alle Rahen tragen

Wanten Taue zur seitlichen Abstützung der Masten; sind bei Segelschiffen durch eingebundene Webeleinen zu Strickleitern zusammengefaßt

Webeleinen Stricktaue zwischen den Wanten, die zum Ersteigen der Masten dienen

Wenden Bug durch den Wind drehen

Zeisinge kurze Taue, mit denen ein Segel „festgemacht", d.h. zusammengeschnürt wird

TAKELPLAN EINES KLIPPERS

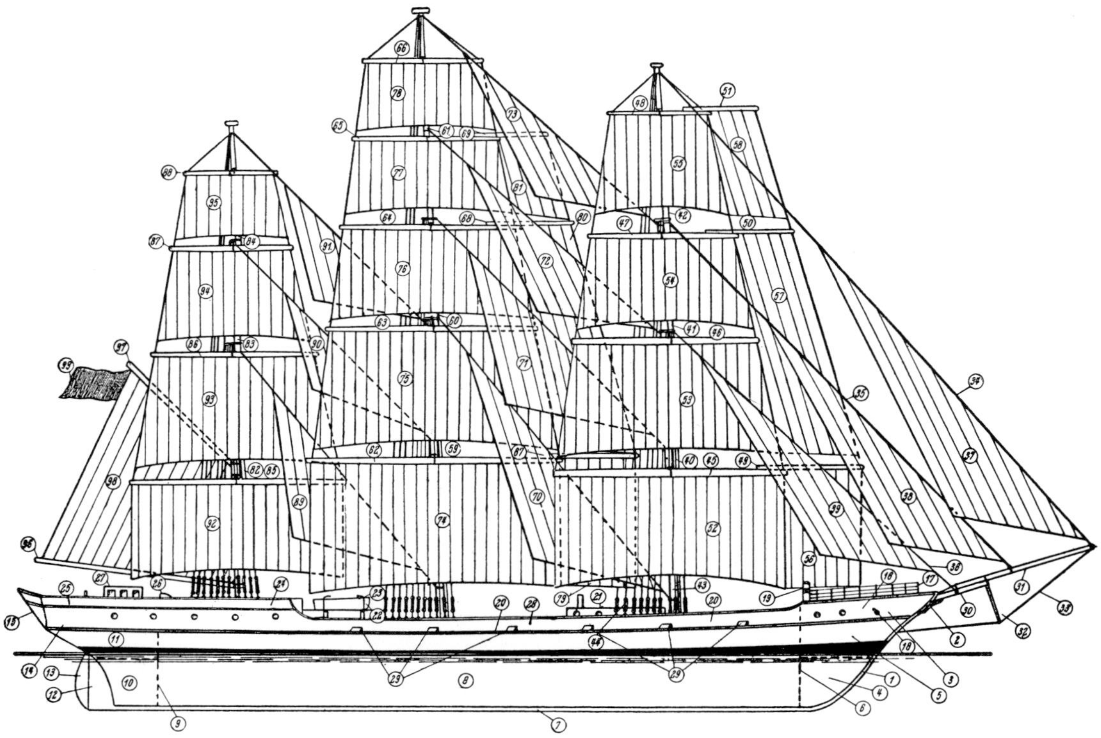

1 Vorsteven
2 Galion mit Galionsfigur
3 Bug
4 Vorpiek
5 Hellegat zur Aufbewahrung von Tauwerk, Farben, Zimmermannsvorräten usw.
6 Kollisionsschott, trennt Vorpiek vom Laderaum
7 Kiel
8 Laderaum
9 Hinterpiekschott, trennt Hinterpiek vom Laderaum
10 Hinterpiek
11 Lazarett
12 Hintersteven
13 Ruder
14 Heck
15 Stern
16 Back, darunter Wohnraum (Logis) für die Mannschaft
17 Backreling
18 Ankerklüse
19 Lampenturm
20 Hauptdeck
21 Deckshaus, darin Kombüse, Hilfsmaschine mit Kessel, Raum für Koch, Zimmermann, Bootsmann, Segelmacher
22 Rettungsboot
23 Bootsdavit
24 Hütte oder Poop, darunter Wohnraum für Kapitän und Offiziere
25 Hüttenschanzkleid
26 Kajütsniedergang mit Oberlicht
27 Kartenhaus
28 Schanzkleid für Hauptdeck
29 Lenzpforten oder Speigatte
30 Bugspriet
31 Klüverbaum
32 Stampfstock
33 Wasserstag
34 Vorroyalstag
35 Vorbramstag
36 Fockstag
37 Außenklüver
38 Binnenklüver
39 Vorstengestagsegel
40 Fockmast
41 Vormarsstenge
42 Vorroyalstenge
43 Fockwanten
44 Fockpardunen
45 Fockrah
46 Vormarsrah
47 Vorbramrah
48 Vorroyalrah
49 Vorunter-Leesegelspier
50 Vorbram-Leesegelspier
51 Vorroyal-Leesegelspier
52 Fock
53 Vormarssegel
54 Vorbramsegel
55 Vorroyal
56 Vorunterleesegel
57 Voroberleesegel
58 Vorroyalleesegel
59 Großmast
60 Großmarsstenge
61 Großroyalstenge
62 Großrah
63 Großmarsrah
64 Großbramrah
65 Großroyalrah
66 Großskysegelrah
67 Großunterleesegelspier
68 Großoberleesegelspier
69 Großroyal-Leesegelspier
70 Großstagsegel
71 Großstengestagsegel
72 Großbramstagsegel
73 Großroyalstagsegel
74 Großsegel
75 Großmarssegel
76 Großbramsegel
77 Großroyalsegel (Reuel)
78 Großskysegel (Skeusel)
79 Großunterleesegel
80 Großoberleesegel
81 Großroyal-Leesegel
82 Kreuzmast
83 Kreuzbramstenge
84 Kreuzroyalstenge
85 Begienrah
86 Kreuzmarsrah
87 Kreuzbramrah
88 Kreuzroyalrah
89 Kreuzstagsegel
90 Kreuzbramstagsegel
91 Kreuzroyalstagsegel
92 Begien
93 Kreuzmarssegel
94 Kreuzbramsegel
95 Kreuzroyalsegel
96 Besanbaum
97 Besangaffel
98 Besansegel
99 Nationalflagge

BIBLIOGRAPHIE

JOCHEN BRENNECKE:	Windjammer, Herford
JOSEPH CONRAD:	Der Spiegel der See, Frankfurt/Main
BASIL GREENHILL/ JOHN HACKMAN:	Herzogin Cecilie. Lebensgeschichte einer Viermastbark, Hamburg
FRANK GRUBE/ GERHARD RICHTER (HRSG.):	Das große Buch der Windjammer, Hamburg
JOSEPH JOBÉ:	Der Segelschiffe große Zeit, Bielefeld
GERHARD KOOP:	Die deutschen Segelschulschiffe, Koblenz
BASIL LUBBOCK:	The Down Easters, Glasgow
BASIL LUBBOCK:	The Last of the Windjammers, Glasgow
BASIL LUBBOCK:	The Nitrate Clippers, Glasgow
JÜRGEN MEYER:	Segelschiffe auf alten Postkarten, Norderstedt
WOLFRAM ZU MONDFELD:	Schicksale berühmter Segelschiffe, Herford
PETER PEDERSEN:	Strandung und Schiffbruch, Hamburg
PETER PEDERSEN:	Die große Zeit der Windjammer, Hamburg
JEAN RANDIER:	Maritime Antiquitäten, Bielefeld
JEAN RANDIER:	Hommes et Navires au Cap Horn, Paris
JEAN RANDIER:	Grand Voiliers français, Grenoble
OTMAR SCHÄUFFELEN:	Die letzten großen Segelschiffe, Bielefeld
ALAN VILLIERS:	Kap Hoorn, Hamburg
ALAN VILLIERS:	Auf blauen Tiefen, Hamburg
ALAN VILLIERS:	Rund Kap Hoorn, Wiesbaden
ALAN VILLIERS:	Falmouth for Orders, Cambridge
ALAN VILLIERS:	Voyaging with the Wind, London

FOTONACHWEIS

National Maritime Museum, Greenwich
8/9, 10/11, 11 u., 14/15, 16/17, 21 r., 26, 30/31, 32/33, 40, 41, 43 u., 44 u., 46/47, 48 o., 48 u., 50/51, 66 u., 68 u. l., 70 u. r., 73 o. 77 u., 83, 86/87, 88/89, 90, 97, 98/99, 102 o. l., 102 u., 104 u., 114 u., 116/117, 118 o. r., 118 u., 122 u., 142.

P. Gruénais 131 o.

Christian Février 155

Altonaer Museum, Hamburg
11 u., 12 o.

Sammlung Capitaine Vaughan
131 u.

Photo Mahé 72/73

Beatties, Hobart Town 122/123

E. G. P. A. 148 o. r.

Sammlung Jean Randier
12 u., 14 l., 17 r., 21 o., 27 o., 28 o., 28 u., 29 l., 34 o., 34 u., 35 u. r., 36 o., 36/37, 43 o., 57 l., 58/59, 59 o. r., 59 u., 61, 65 o., 65 u., 66 o. l., 66 o. r., 67 o., 68 u. r., 70 l., 70 o. r., 71 o., 71 u., 73 u., 74/75, 76, 77 o., 78 u., 82 o. l., 82 o. r., 82 u., 84/85, 88 o., 89 o., 91 o., 95 o. l., 101 u., 102 o. r., 103, 107 o., 109 u., 110 M. l., 113 M. r., 120, 121 o., 122 u., 126, 128 o. l., 129 u., 132/133, 134 o. r., 136/137, 138, 140 o., 141 u., 143 o. l., 143 o. r., 143 u. l., 146 o., 146 M., 146 u., 147 M. o. l., 147 M. o. r., 147 M. u. r., 147 u., 148 o. l., 148 M. l., 148 M. r., 148 u.

Sammlung Dr. Jürgen Meyer
17 u., 22 o., 22 u., 23 o., 23 u., 52 o., 62/63, 96 o., 114 o., 134 M. l., 134 M. r., 139 o., 139 u., 140 u., 141 o., 147 o.,

Sammlung Blanchard 18/19, 29 r.

Neurdein 20/21, 27 u.

Roquet 147 M. u. l.

Sammlung Augé
24/25, 104 o. r., 111, 135

Lecoq
33 M., 38, 39 u., 60 u., 67 o. r., 78 M., 91 u. r., 91 u. l., 95 o. r., 95 u., 101 o., 115 o. l., 119 o., 124/125, 127, 134 o. l.

Sammlung Voisin
33 o. r., 33 u. r., 35 u. l., 39 o. l., 39 o. r., 42, 44 o., 44/45, 52 u., 53 M., 60 o. l., 92/93, 96 l., 96 u., 106/107, 118 o. l., 121 M., 143 u. r.

Tour du Monde
35 o., 94, 134 u.

Schiffahrtsmuseum Stockholm
49 u., 64, 69, 104 o. l., 105, 119 u.

Sammlung Mayron
53 r., 57 r., 67 u., 68 M., 73 M., 80/81, 88 u., 110 M. r., 113 u.

Cavelan 54 o.

Brenet 54/55

Legros 56, 129 u.

Sammlung Nastchokine
57 u., 119 M., 128 o. r.

Musée des Cap-Horniers de Saint-Malo
59 M., 108, 110 o.

Nautical Photo Agency
13, 79

San Francisco Maritime Museum
100, 113 o.

Sammlung J. Rio
109 M., 115 o.

W. Hester
112, 115 u.

Degoul 121 u., 130

ERGÄNZUNG ZU DEN LEGENDEN

Die Mehrzahl der Bildlegenden im Kapitel „Kap Hoorn" sind Extrakte jener Bordjournale, die Louis Lacroix in seinem Werk „Les derniers Cap-Horniers" zitiert. Die Briefe und Erinnerungen sind Zusammenfassungen aus vielfältiger Korrespondenz, Bordjournalen und persönlichen Erinnerungen, die sich im Archiv des Verfassers befinden.
Um den Erzählfluß nicht zu unterbrechen, wurde nicht immer auf die Schiffsnamen hingewiesen, die auf den Photos – teilweise nur bruchstückhaft – zu erkennen sind. Der Vollständigkeit halber seien sie hier in der Seitenabfolge genannt.

32	David d'Angers
33 o. r.	Wulfran-Puget
36	Jules Henry
38	Tijuca
40	Peru
42	Jacqueline
43 o.	Union
52 o.	Mneme
54 o.	Bérengère
54 u.	Mac Mahon
55	Bonchamp
56	Richelieu
57 r.	Mac Mahon
59 M.	Union
60 u.	Tijuca
61	Jules Henry
62–63	Renée Rickmers
67 o.	Tijuca
67 u.	Mac Mahon
68 o. l.	Union
68 M. l.	Mac Mahon
72	Union
73	Mac Mahon
78 M.	Cap-Horn
80	Mac Mahon
82 u.	Maréchal-de-Gontaut
84–85	Pinnas
87	Medway
88 u.	Mac Mahon
106–107	Pacifique
108	Buffon
109 u.	Jules Berry
110 M. l.	Mac Mahon
110 M. r.	Mac Mahon
111	Anne-de-Bretagne
112	Marie
113 u.	Mac Mahon
114 o.	Nereus
115 o. l.	Tijuca
115	Europe
115 u.	Marion Frazer
118 o. l.	Wulfran-Puget
121 u.	Richelieu
124–125	Cap-Horn
126	Abraham Rydberg
128 o. l.	Routenburn
129 o.	Richelieu
130	Richelieu
134 o. l.	Tijuca
135	Françoise d'Amboise
136–137	Hansy
139 o.	Ansgar
139 u.	Songelv
140 u.	Ebli
141 o.	Acadia
143 o. l.	Amiral Courbet
144–145	Vincennes
147 o.	Flottbek